近世金毘羅信仰の展開

北川 央
Hiroshi Kitagawa
【著】

岩田書院

目次

第一部　金毘羅信仰の展開

第一章　近世大坂周辺地域における金毘羅信仰の展開

はじめに

この金毘羅は数十年この方天下に信仰しない者もなく、伊勢の大神宮同様に人々が遠国から参拝に集まり、その上船頭たちが大そう尊崇するから、船主たちの奉納する物がおびただしく、山の下から本殿までの間の左右の玉垣の美しさは、ほかに比べられる社寺がない。数十年前まではこれほど盛んなこともなかったのであるが、近頃おいおい繁昌するようになったことから考えると、神様にも時によりはやりすたりがあるのであろう。今この金毘羅と肩を並べている神仏は、伊勢を除いては浅草と善光寺であろう。[1]

出羽国出身で、浪士組（新撰組の前身）を率いた幕末の志士として知られる清河八郎は、安政二年（一八五五）五月十五日讃岐の金毘羅大権現を拝し、日記に当時の金毘羅の賑わいをこのように記した。

また文化十二年（一八一五）頃の『陸奥国信夫郡・伊達郡風俗問状答』には「伊勢参宮・江戸・京・大坂・大和、近年は金比良迄一代一度参る、二度参る者は稀なり」と記され、『経世談』でも、仙台藩では伊勢参宮・高野山詣・善光寺参りのほか、金毘羅参りが行なわれているとしている。[2]

これらの史料は、伊勢神宮や高野山・善光寺のように際立った由緒を持つわけでもなく、江戸の浅草寺のように大

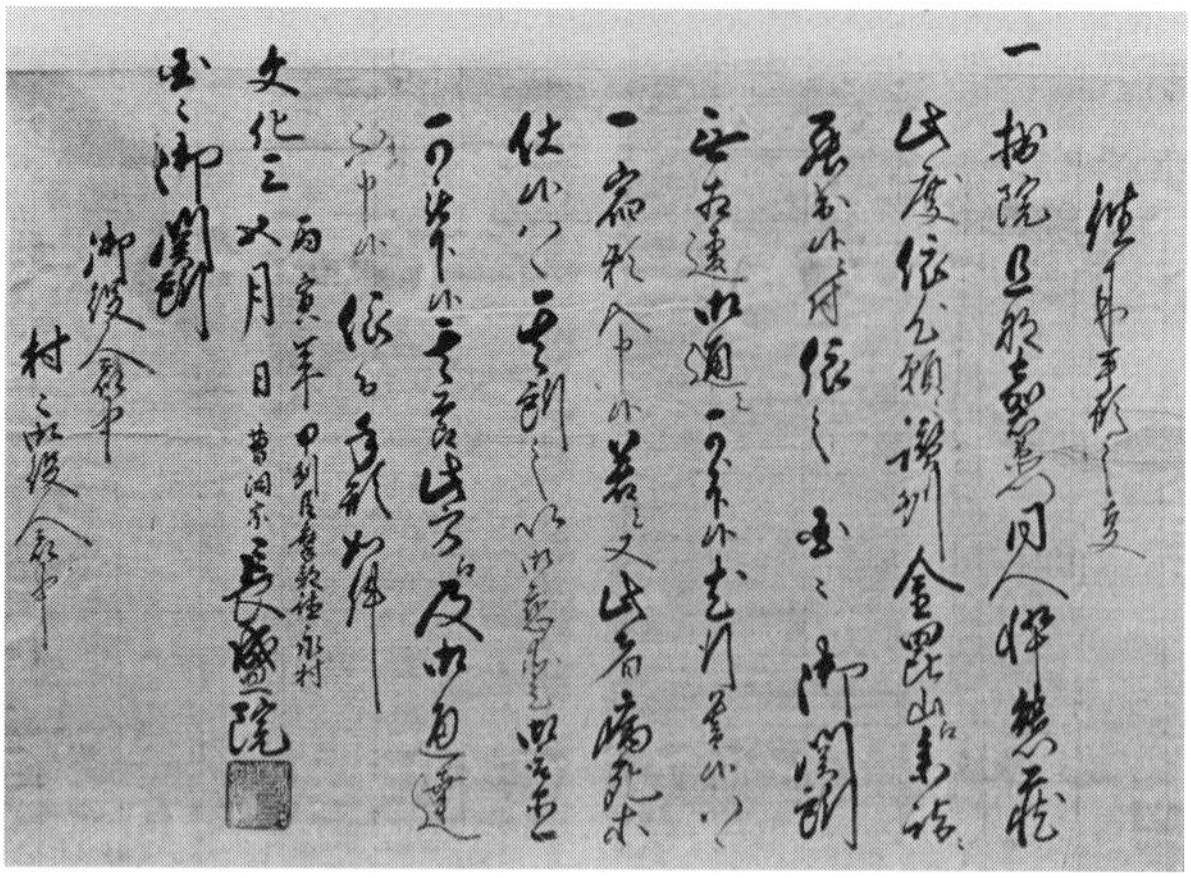

**図1　文化3年(1806)5月日付　甲斐国巨摩郡徳永村熊蔵
金毘羅参詣往来手形**（天理大学附属天理参考館蔵）

図2　象頭山金毘羅全図　松川半山画　成功堂版（灸まん美術館蔵）

都市にあるわけでもない金毘羅大権現が、四国の讃岐という本州とは海を隔てた僻地にありながら、はるかに遠い東北地方からでさえ伊勢同様一生に一度は参拝すべき所と認識され、実際伊勢神宮や浅草寺・善光寺に劣らぬほど非常に多くの参詣者を吸い寄せたという事実を語っている(図1・2・3)。しかもそれは、清河八郎が「数十年前まではこれほど盛んなこともなかった」と評したように江戸時代も後半に入って俄に起った状況だったらしいのである。

本章では、こうした近世後期の金毘羅信仰の全国的展開を、大坂に視点を据えて概観し、さらに近世大坂の市中や周辺農村地域における金毘羅信仰の様相についても併せて考察してみたいと思っている。そのためには、まわり道となるが、まず、金毘羅大権現が一体如何なる神で、どのような信仰を集めたのか、この点について見ておく必要があろう。

図3　『六十余州名所図会』のうち「讃岐・象頭山遠望」　歌川広重画　越村屋平助版（灸まん美術館蔵）

一　金毘羅大権現とその信仰

現在、香川県仲多度郡琴平町に鎮座する金刀比羅宮は、大物主命をもってその主祭神としている。大物主命は、奈良県桜井市の大神神社（通称、三輪明神）の祭神として著名で、有名な出雲大社の祭神・大国主命の別名とされる。

一方、金毘羅ことコンピラについては、「サンスクリット語のクンピーラの音写で、ガンジス河に棲むワニを神格化した神とされる。この神は、仏教にとり入れられて、仏教の守護神で、薬師十二神将のひとり金毘羅摩竭魯夜叉大将となった。また金毘羅は、インドの霊鷲山の鬼神とも、象頭山に宮殿をかまえて住む神ともいわれる(3)」といった説明がなされてきた。

この両者の関係については、天台僧顕真が『山家要略記』に、智証大師円珍の『顕密内証義』を引いて、「伝聞、日吉山王者西天霊山地主明神即金毘羅神也、随二一乗妙法之東漸一、顕二三国応化之霊神一」と記し、これを受けたと考えられる吉田兼倶の『神道大意』にも、「釈尊ハ天地ノ為ニ十二神ヲ祭、仏法ノ為ニ八十神ヲ祭リ、伽藍ノ為ニ十八神ヲ祭リ、霊山ノ鎮守ニ金毘羅神ヲ祭ル、則十二神ノ内也、此金毘羅神ハ日本三輪大明神也ト伝教大師帰朝ノ記文ニ被レ載タリ、他国猶如也、何況ヤ吾神国於哉」とあって(4)、伝教大師最澄が延暦七年（七八八）比叡山延暦寺を建立する際、その鎮守として奉斎した地主神・日吉大社西本宮の祭神大己貴《おおなむち》＝大物主命をもってすなわち金毘羅神と位置づけるのである。そしてこうした見解は、さらに平田篤胤が『玉襷』で「彼象頭山と云ふは……元琴平と云ひて、大物主を祭れりしを仏書の金毘羅神と云ふに形勢感応似たる故に、混合して金毘羅と改めたる由……此は比叡山に大宮とて三輪の大物主神を祭りて在りけるに彼金毘羅神を混合せること山家要略記に見えたるに倣へるにや、然ればこそ金光院の伝書にも、出雲大社、大和、三輪、日吉、大宮の祭神に同じと云へり……」と述べたように[5]、象頭山は元来大物主命を祀っていたが、中世仏教が盛んとなるにつれその性格の類似からこれを金毘羅と称するようになった、という神道的立場からの定説となってゆく。

けれども、神道家が説くような金毘羅以前に本来大物主が祀られていたとの史料的明証は一切得られない。むしろ、神道家が金毘羅神に大物主を重ねあわせる以前は、象頭山には大物主と関係なく金毘羅神が鎮守として祀られていたのを、神道家が逆に『山家要略記』等を根拠に金毘羅神とは実は大物主であったのだと、金毘羅―大物主同体説を主張していったと考えるべきではないかと思う。

では、象頭山に金毘羅神が祀られたのはいつのことか。

(表)上棟象頭山松尾寺金毘羅王赤如神御宝殿　当寺別当金光院権少僧都宥雅造営焉　于時元亀四年癸酉十一月廿七日

記之

(裏)金毘羅堂建立本尊鎮座法楽庭儀曼荼羅供師高野山金剛三昧院権大僧都法印良昌勤之

これは「本宮再営棟札」と呼びならわされてきている元亀四年(一五七三)十一月二十七日付の棟札で、現在知られている金刀比羅宮の史料のうちで信頼しうる最古のものである。ここに見える「造営」「建立」あるいは「本尊鎮座」といった文言から、松原秀明氏は、この時はじめて松尾寺の鎮守として象頭山に金毘羅王赤如神を祀る御宝殿すなわち金毘羅堂が建立されたと解された[6]。筆者も氏の見解に従うこととしたいが、これ以降金毘羅は廂を貸してくれた母屋にあたる松尾寺を徐々に侵食しはじめ、正保二年(一六四五)頃には江戸時代を通じて象頭山を支配する「金毘羅別当金光院」体制が完成するのである[7]。

ところで、文化年間に編纂された『金毘羅山名所図会』に、「鵜足津亀石因縁」と題する興味深い伝承が載せられている。煩を厭わずその前文を掲げてみる。

村老の口碑に云、むかし天文十年、この浦に未申のかたより夜な〳〵あやしき光ものみえて、海上をてらせる事数日におよふ。然る処同年六月十七日の夜、漁者とも網引せんとて、あまた来集ひをる処に、百歳にもあまれると見ゆる白髪の老翁、いつこよりともなく船さしきたりて、此汀に亀のかたちしたる石の上におりたちて、此漁者共をさし招き、示して云く、此頃ひつしさるの方より光ものするは、象頭山の火災にやけ残りまし〳〵たる霊像のわさ也。いそき此事をかの山に告やり、かの尊像を尋とりて、清浄に安置せよと告終て、かきけすことく失にけり。されは漁者ともは、奇異のおもひをなして、あくるをも待す象頭山へいそき、此よしを告けれは、一山の僧俗うちおとろき、こゝかしこと尋ね奉るに、本堂のかたはら一柱樫といへる大木のやけのこりたる梢に、大悲の小像巍然としてたゝせ給へり。人々立より、取おろして一堂に安置し奉る。是則今の観音堂の本尊なり。されは浦の漁者ともは、かのあらはれし老翁は、とりも直さす観音大士の顕現なし給へるなりと尊みおもひて、毎年六月十七日を縁日となして、遠近の村人、此おり立給ひし石に参詣群集する事今にたえす。此上の山を青野山といふ。(8)

以上が鵜足津の亀石にまつわる霊験譚であるが、ここでは亀石の上におりたち象頭山の火災で焼け残った観音像の存在を漁民に教示した「百歳にもあまれると見ゆる白髪の老翁」が、「とりも直さす観音大士の顕現なし給へる」姿であると述べられている。この時「白髪の老翁」の指示によって見出された観音像は、「是則今の観音堂の本尊なり」と記されているので、正観世音菩薩像であったことが知られるが、(9)元来松尾寺の中心がこの観音堂にあったこと(10)と併せ考えるならば、地主神が老翁の姿をもって現れるというのはしばしば見うけられるところであるので、「百歳にもあまれると見ゆる白髪の老翁」はあるいは象頭山の地主神、すなわち松尾寺の鎮守金毘羅神の姿を表現したものとれないこともない。

実際、江戸時代には〝老翁〟とも表現すべき金毘羅大権現像が祀られていたのであって、それを書き留めた史料がいくつか存在する。その一つ、『塩尻』の著者天野信景は、先述のように金毘羅は薬師十二神将のうちの宮毘羅《クビラ》大将とされるが、現実に存在する金毘羅大権現像は、「薬師十二神将の像と甚だ異なりとかや」と述べ、その像容を「座して三尺余、僧形なり。いとすさまじき面貌にて、今の修験者の所戴の頭巾を蒙り、手に羽団を取る」と記した。(11)また天和二年(一六八二)岡西惟中はその著『一時随筆』の中で「形像は巾を戴き、左に数珠、右に檜扇を持玉ふ也、巾は五智の宝冠に比し、数珠は縛の縄、扇は利剣也、本地は不動明王とぞ、二人の脇士有、これ伎楽、伎芸といふ也、これ則金伽羅と勢吒伽、権現の自作也」、延享年間(一七四四～四八)に増田休意は「頭上戴勝、五智宝冠也、(中略)左手持二念珠一縛索也、右手執二笏子一利剣也、本地不動明王之応化、金剛手菩薩之化現也、左右廼名二伎楽伎芸一金伽羅制吒迦也」、幕末頃金毘羅当局者の編んだ『象頭山志調中之麁書』のうち「権現之儀形之事」は、「優婆塞形也、但今時之山伏のごとく持物者、左之手ニ念珠右之手ニ檜扇を持し給ふ、左手之念珠ハ索、右之手之檜扇ハ剣ト申習し候、権現御本地ハ不動明王也、権現之左右ニ両児有、伎楽伎芸と云也、伎楽ハ今伽羅童子伎芸ハ制吒迦童子と申伝候也、権現自木像を彫み給ふと云々、今内陣の神躰是也」と、それぞれ金毘羅大権現像を描写している。(12)

　これらによって今日では目にすることのできない金毘羅大権現像が、頭巾を被り、左手に念珠、右手に扇もしくは笏を持ち、伎楽・伎芸の両脇士を従えるという姿をとっていたことが知られるのである。それはまさに「今の修験者」「今時之山伏のごと」き姿であり、現存する他の像からイメージするならば役行者像を髣髴とさせる像容であったと思われるのである。これは何もひとり筆者のみの印象ではなく、『不動霊応記』で「金毘羅大権現ノ尊像ハ、苦行ノ仙人ノ形ナリ、頭ニ冠アリ、右ノ手ニ笏ヲ持シ、左ノ手ニ数珠ヲ持ス、口ノ鬚長ウシテ、尺ニ余レリ、両ノ足ニハワラギヲ著ケ、頗ル役ノ行者ニ類セリ」（傍点筆者）といった感想が既に吐露されているのを知ることができる。[13]

さて、先の諸書によって、金毘羅大権現が被る頭巾は五智宝冠に、左手の念珠は縛索に、右手の扇または笏は利剣に、伎楽・伎芸の両脇士は金伽羅（矜羯羅）・制吒迦の二童子にそれぞれ比されて、金毘羅大権現の本地仏が不動明王であったことがわかるのだが、他方、役行者像に付属する前鬼・後鬼についてもこれを矜伽羅・制吒迦の二童子に比す解釈が見られ、[14]両者はきわめて親近性を有するといわねばなるまい。事実、近世大坂市中の金毘羅で最も人気を集めた法善寺が、鎮守堂の再建を金毘羅堂の新規建立ととられて讃岐の金毘羅本社よりクレームがつけられた際、同寺はその返答の中で、「一、当寺鎮守ハ愛染明王ニ而御座候得共、役行者と不動明王を古来より金毘羅と申伝、右三尊ヲ鎮守と勧請いたし来候」とその由緒を述べ、「金毘羅新キ建立なとゝ申義決而無之御事ニ候」と申し開きを行なった。[15]つまり、金毘羅大権現像ときわめて外見の似た役行者像、金毘羅大権現の本地仏とされた不動明王像の二体をもって法善寺では金毘羅大権現と称していたことが知られるのである。また、江戸時代金毘羅信仰の流行とともに各地で金毘羅の贋開帳が行なわれたが、その一つ、安政四年（一八五七）備後尾道の修験仏良院の場合も、讃岐本社からクレームをつけられて、もと通り神変大菩薩[16]すなわち役行者に改めさせられている。[17]

このように役行者像を金毘羅大権現像と偽る贋開帳が相次いだのも、讃岐本社の金毘羅大権現像自体が、あるいは役行者像そのものではなかったかと思わせるぐらい、役行者像と酷似していたからに他ならない。ただ、近世金毘羅には金毘羅大権現以外に、役行者を祀る役行者堂が別に存在していたのであって、金毘羅大権現イコール役行者と考えるのはあまりにも早計であろう。けれどもこの役行者堂についても、『古老伝旧記』が「役行者堂　昔金毘羅古堂也、元和九年宥眼法印新殿出来、古堂行者に引直し」[18]と記しているのが、これまで考察してきた金毘羅大権現と役行者の関係からして非常に示唆的に思われるのである。そのほか、金毘羅大権現の正体を新羅明神とする考え方がある[19]

のも、もしかすると新羅明神像が役行者像に近似することに起因している可能性がある。[20]

このように役行者像にきわめて近い尊容を持った金毘羅大権現を祀る象頭山は、役行者開山との伝承を持つことでも明らかなように山岳信仰で栄えた修験道の山であった。松原秀明氏が明らかにされたように初期の金光院別当はいずれも修験者の色彩が濃厚で、慶長十一年（一六〇六）十月、時の別当宥盛は自らの姿を木像に刻むに際し、「入天狗道沙門金剛坊形像、当山中興権大僧都法印宥盛」と彫り込んだ。[22] この天狗道に入った金剛坊の木像には多くの霊験譚が付加され、さらに生きながら天狗界に入ったとの伝承で有名な崇徳上皇の神霊が、死去の翌年、永万元年（一一六五）にその廟所白峰より金毘羅に勧請されたとの伝承から、[23] 金毘羅すなわち崇徳院との解釈が広まってゆき、それでなくとも修験の山は天狗信仰と結びつきやすいのに、金毘羅の場合それが一層強烈なイメージとなって定着し、天狗のイラストが入った参詣道中案内図が作成され（図4）、天狗の面を背負った金毘羅道者が全国各地から金毘羅を目指した[24]（図5・6）。

このように修験者から山岳信仰の霊地と崇められた象頭山は、一方で山麓の地元民からは、彼らを旱魃の害から救う雨乞いの神としての信仰を集めた。土地によっては〝金毘羅龍王〟の名で呼ばれたように、それは龍神信仰と同質の信仰内容であったと考えられる。[25] 他方、金毘羅神が蛇体であるとの伝承も各地で見られ、[26] こうした龍・蛇のイメージはインドのガンジス河に棲むワニすなわちクンピーラともイメージが重なり、[27] さらにそれらが有した水の神としての属性が海の神、航海守護の神としての金毘羅信仰ともつながってゆく。このほか、近世航海守護の神として崇敬を集めるに至った金毘羅信仰の原初形態について、武田明氏は、それを象頭山より吹きおろす風の神の信仰にあったとし、海難救助の御礼のため奉納された絵馬に、難破寸前の船上へかなたの空からご幣が飛んで来る様子がしばしば描かれているのも、そうした風に対する信仰が基礎にあったからだと説かれる。[28] また近藤喜博氏は、江戸時代以前の航

図4　金毘羅参詣案内大略図　芳虎画　多度津屋卯右衛門版（灸まん美術館蔵）

図5　『東海道五拾三次』のうち「沼津」（部分）　歌川広重画　竹内孫八版（島根県立美術館蔵）

図6　『京都名所』のうち「淀川」（部分）　歌川広重画　川口屋正蔵版（島根県立美術館蔵）

法は山アテと称される山見航法で、それは陸地の山を望んでは位置を確かめ、山頂の雲形によって気象を判断しながら航海するという方法であったから、全国各地に山アテの対象となる山が〝日和見山〟〝日和山〟などと呼ばれて存在した。象頭山もこうした山アテの対象とされた山で、『延喜式』神名帳にみえる讃岐国二十四座の内、多度郡の雲気神社がその前身にあたるとされた(29)。

以上、その多くを既往の諸研究に拠りながら金毘羅大権現とその信仰内容について概観してきたが、江戸時代の海の大動脈の一つ西廻航路が瀬戸内海に通じたこと等を契機として、航海の安全を祈る神としての金毘羅信仰が、船乗り達の手によって全国各地にもたらされたことは紛れもない事実である。しかしそのことと一般庶民の多くが全国各地から一生に一度の宿願を果たすべく金毘羅詣に旅立つようになったこととはすぐには結びつかない。そうした状況に辿りつくまでには、まだまだ多くの要件が満たされる必要がありそうである。

二　西国巡礼と金毘羅参詣

金刀比羅宮に元禄（一六八八〜一七〇四）の末年、岩佐清信の手になる六曲一双の「象頭山祭礼図屏風」が所蔵されている。十月十日の金毘羅大会式の当日、神前に出仕する上頭・下頭の行列を、参詣客の詰めかけた境内の諸堂、芝居・見世物等で賑わう町方の様子とともに描いたもので、文献の乏しい時代の絵画史料としてまことにかけがえのない貴重な資料との評価を受ける(30)。

図7は、そのうち右隻第五扇部分に描かれた五人連れの一群で、筆者の数えたところ、このほかに同じ右隻の第一扇に一人、第二扇に一人、第三扇に三人、第四扇に二人、第六扇に一人、左隻の第二扇に一人、第四扇に一人の計一

図7　象頭山祭礼図屏風　右隻（部分）（金刀毘羅宮蔵）

〇人が先ほどの五人連れと全く同じ衣装で描かれている。元禄二年（一六八九）版行の『四国遍礼霊場記』には、「金毘羅は順礼の数にあらずといへども、当州（讃岐）の壮観、名望の霊区なれば、遍礼の人、当山に往詣せずといふ事なし」[31]とあって、四国遍路でも西国巡礼の影響をうけて笈摺を着用することになったというから[32]、これらは四国八十八ヶ所を巡拝する遍路達を描いたものとも解されるが、一般に近世初頭の風俗図屏風や社寺参詣曼荼羅等でこの笈摺姿に描かれるのは西国三十三ヶ所を巡拝する巡礼達である。小野寺淳氏の研究によれば、西国巡礼者達がその巡礼の途中で金毘羅に立ち寄るようになるのは一八〇〇年前後からだそうで[33]、本屏風の描かれた元禄時代とは時間的に相当の隔たりがある。それ故先にも述べたように彼らは四国遍路達である可能性が高いのであるが、小野寺氏も述べられるように[34]一八〇〇年前後からは金毘羅参詣が西国巡礼中の一つのコースとして定型化し、その結果、巡礼者の大半が金毘羅にも参っていくようになったのであり、それ以前に西国巡礼者のうち何割かが自らの意志で金毘羅に詣でていて、本屏風はその様子を描いたものであるとの可能性も捨てきれない。その場合、そうした事実が前史としてあったからこそ金毘羅参詣が西国巡礼のコース中に組

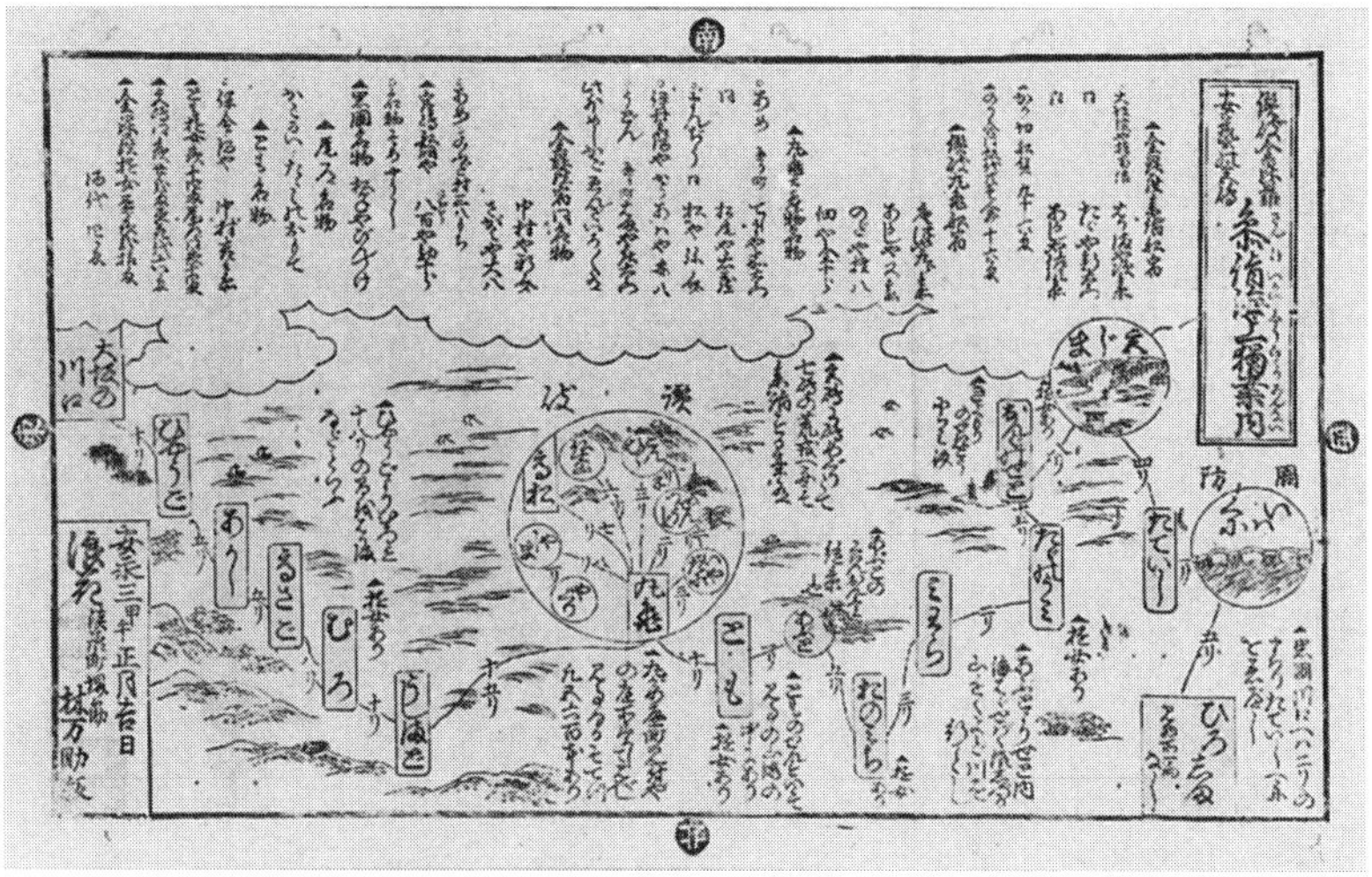

図8　大坂の川口より讃岐・金毘羅、安芸の宮島、岩国・錦帯橋へのルートを示した「讃岐金毘羅安芸の宮島　参詣海上独案内」　安永3年〈1774〉　林万助版

（大阪歴史博物館蔵）

み込まれるようになったのであるとの理解も成立し得る。

田中智彦氏はその精力的な西国巡礼研究の中で、江戸時代の西国巡礼者達が単に札所から札所へと番付順に巡礼を続けるだけでなく、危険を回避するためにたとえ番付が逆になろうとも迂回をしたり、巡礼途中で高野山等の有名な寺社へ立ち寄ったり、さらには大坂市中で芝居見物までしていたという、非常に生き生きとした庶民的な巡礼者像を復元された[35]。また既に紹介した小野寺淳氏は多数の道中記の分析から、近世東国からの社寺参詣ルートは基本的に、往路東海道を伊勢神宮に向かい、一番青岸渡寺より順次西国三十三所霊場を巡り、中山道を復路とする「伊勢＋西国巡礼ルート」と、同じく往路東海道を伊勢神宮に向かい、伊勢より奈良・大坂・京都の社寺を巡り、中山道を復路とする「伊勢参宮モデルルート」の二つに大別されるとし、それぞれが金毘羅参詣を加えた「普及型」、それにさらに安芸の宮島、岩国の錦帯橋見物を加えた「拡張型」を生み出したことを証明された[36]（図8）

これら田中・小野寺両氏の研究によって、少なくとも東国からの社寺参詣旅行者が伊勢神宮や西国札所、あるいは高野山・金毘羅・善光寺等の有名諸社寺を一つの巨大ルートとして旅していたことが知られるようになった。

前田卓氏は、その著『巡礼の社会学』の中で、西国三十三所納経用の掛け軸上段に番外の札所にも入っていない高野山奥之院と善光寺の欄が設けられている例を示されたが[37]、実際にはこの他に四天王寺と東大寺二月堂でも西国巡礼者に対し朱印を授けている。現在西国三十三所札所会が公式に番外札所として認めているものは、西国巡礼を創始したと伝えられる徳道上人の墓所とされる法起院と西国巡礼を中興したとされる花山法皇が出家したとの由緒を有する元慶寺、同法皇隠棲の地と伝えられ供養塔も存在する花山院の三ヶ寺であるが、この三ヶ寺の番外札所化はいずれも西国巡礼開創縁起の顕彰的意味合いが濃厚なのにくらべ、先の四ヶ寺は伝承的にも西国巡礼とは特に関係を見出せないのが逆に注意を引く。筆者はこれら四ヶ寺は、例えば西国巡礼がその開創縁起に徳道の地獄巡り譚が述べられ堕地獄を回避するための苦行的性格が強いのに対し、善光寺でも同様にその縁起中に本田善佐の地獄巡り譚が語られる等堕地獄回避の信仰が認められること[38]、また四天王寺にはその西門が極楽の東門にあたるとの認識が存在したこと等、その信仰内容の共通性から庶民の手によって自然発生的に番外札所化したのではないかと考えているが[39]、いずれにせよ近世の西国巡礼者達が既に西国巡礼の途次これらの寺院に立ち寄っている点は注目しておいてよい。そして彼らはこれらの寺院や伊勢神宮とともに金毘羅にも立ち寄ったのである[40](図9)。

表1は、現存する道中記から西国巡礼者の金毘羅参詣ルートを抜き出して年代順に並べてみたものだが[41]、宝永三年(一七〇六)の①、享保六年(一七二一)の②の二例を除いては、例外的存在として⑧があるものの、他は全て金毘羅参詣を果たしている。そのコースについては、播磨の高砂から丸亀へ渡る場合が最も多く五例に及び、しかもその全てが舟宿つりやから出発した可能性が高い[42](図10)。ついで、播磨から続けて陸路で岡山を経て児島半島の下村から丸亀

へ渡ったのが三例、同じく児島半島の下津井から丸亀へと渡ったのが二例、その他具体的に地名が挙げられていないが同じ児島半島から丸亀へ渡っているのが一例と、播磨の室津から丸亀へ渡ったケースが一例見られる。丸亀からは丸亀街道を金毘羅へと向かうのだが、金毘羅参詣だけ済まして四国をあとにしたのはわずか二例で、その他多くが弘法大師空海の生誕地で四国八十八ヶ所第七十五番札所の善通寺や同七十一番札所の弥谷寺をも併せて参拝し再び丸亀に戻っている。こうした状況は、「丸亀ヨリ金毘羅善通寺弥谷寺道案内図」と題した一枚刷の道中案内図が多種現存する事実と対応する(図11)。丸亀に戻った巡礼者達は再び船に乗って、児島半島の下津井に着船したのが三例、同じ児島半島の田ノ口に着いたのが三例、その他牛窓に二例、赤穂に一例、室津に四例上陸している。この内、行きに高砂から乗船した五例中四例が帰りに児島半島へ渡っているという事実を軽視するわけにはいかない。勿論、旅に変化を求めるため行きと帰りのコースを違えたという要素もないわけではないが、児島半島にはそれ以上に彼らを引きつけるものが存在したのである。それは瑜伽山蓮台寺で、表1で金毘羅に参った一二例中一一例までが、行きか帰りかいずれかに瑜伽山に参詣しているのである。

瑜伽山蓮台寺は、五流修験と称された修験道本山派内の有力集団がその本拠児島半島に勧請した熊野三山のうち那智山に比定された寺院で(43)、近世には金毘羅参詣だけでは「片参り」に過ぎず、金毘羅参詣者は必ず瑜伽山へも参詣せねば本当の功徳は得られぬと喧伝した(44)。図12の「象頭山瑜伽山両社参詣道名所旧跡絵図」はこの「両参り」用の道中案内図で、こうした宣伝が功を奏した結果、表1のように多くの金毘羅参詣者が行きか帰りに必ず児島半島を通過して行ったのである。

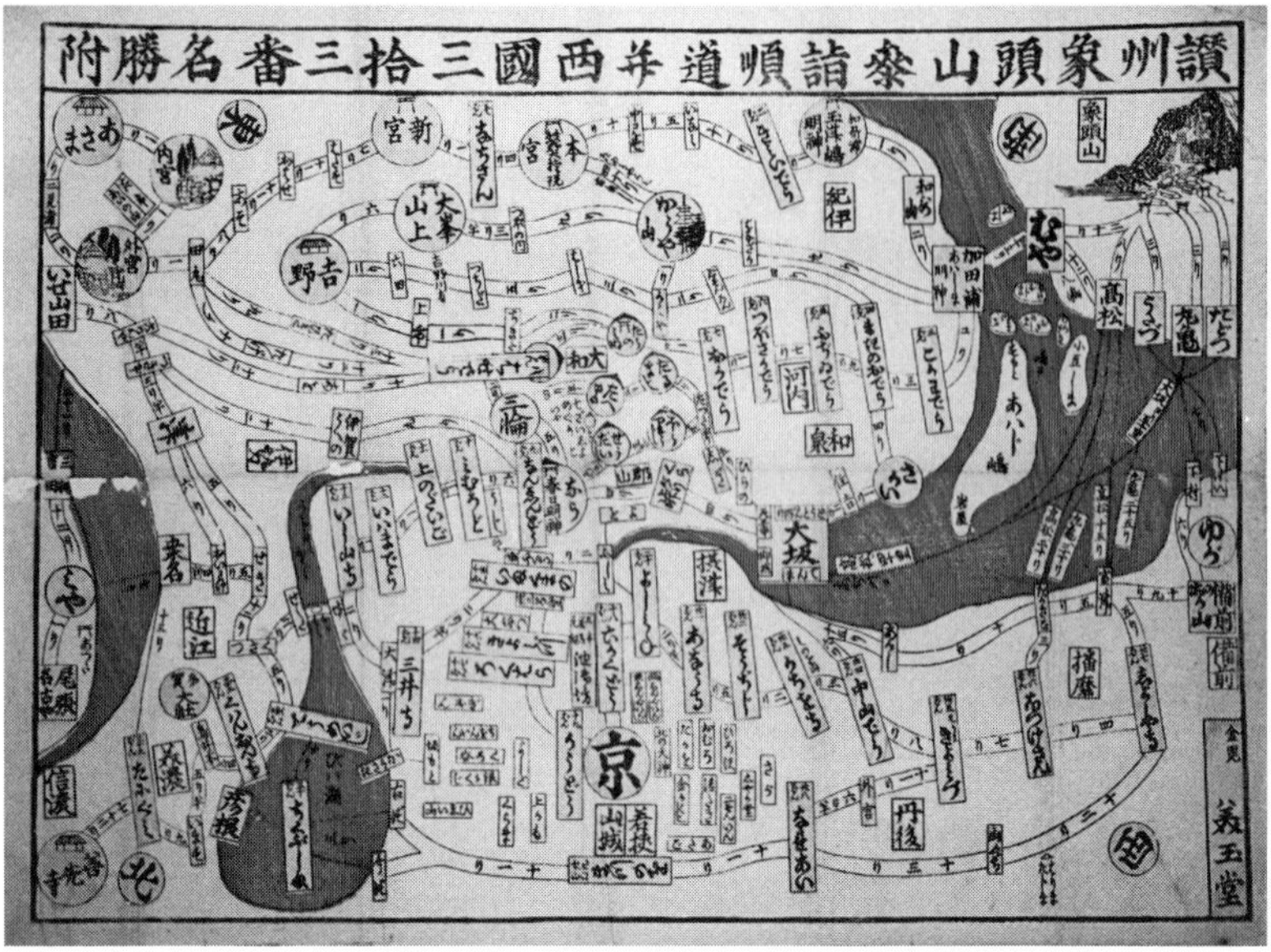

図9　伊勢神宮から西国三十三所、金毘羅、善光寺に至る参詣ルートを示した「讃州象頭山参詣順道并西国三拾三番名勝附」 美玉堂版（灸まん美術館蔵）

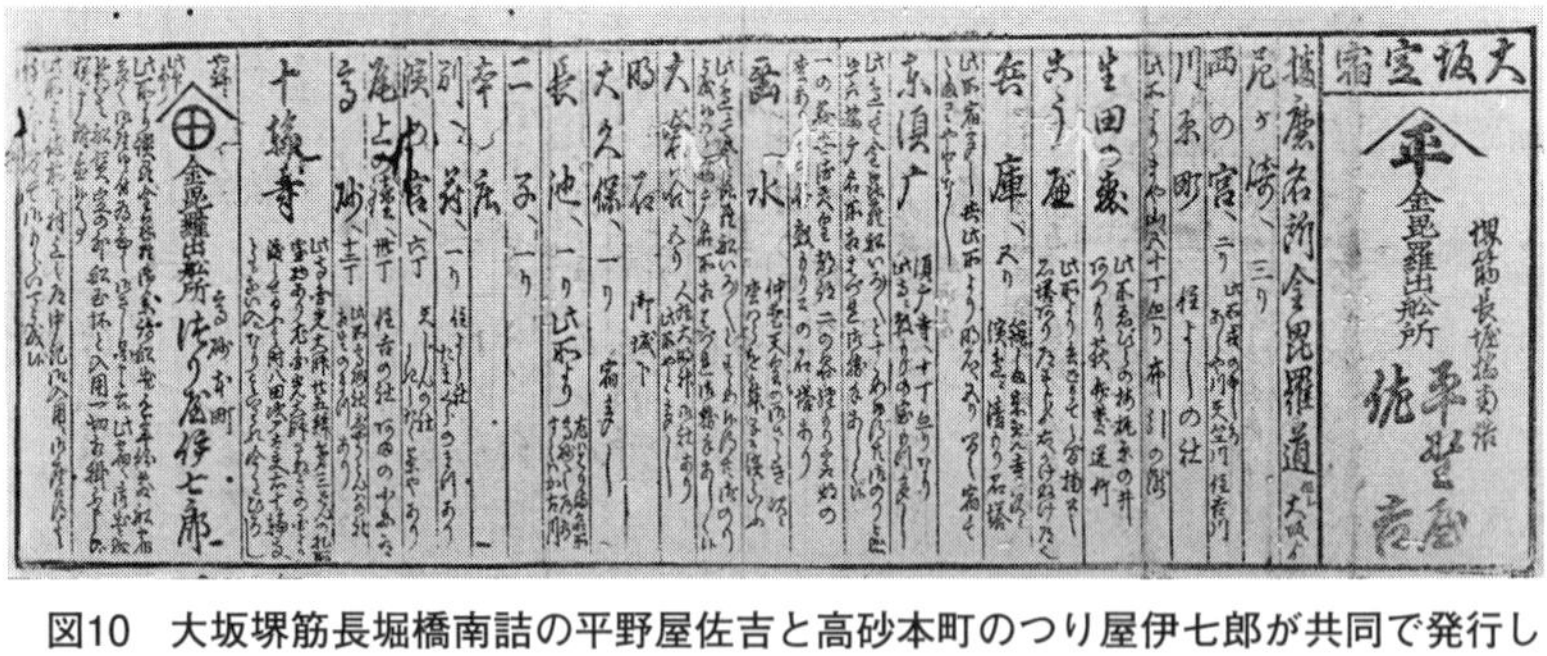

図10　大坂堺筋長堀橋南詰の平野屋佐吉と高砂本町のつり屋伊七郎が共同で発行した道中案内を兼ねた引札（天理大学附属天理参考館蔵）

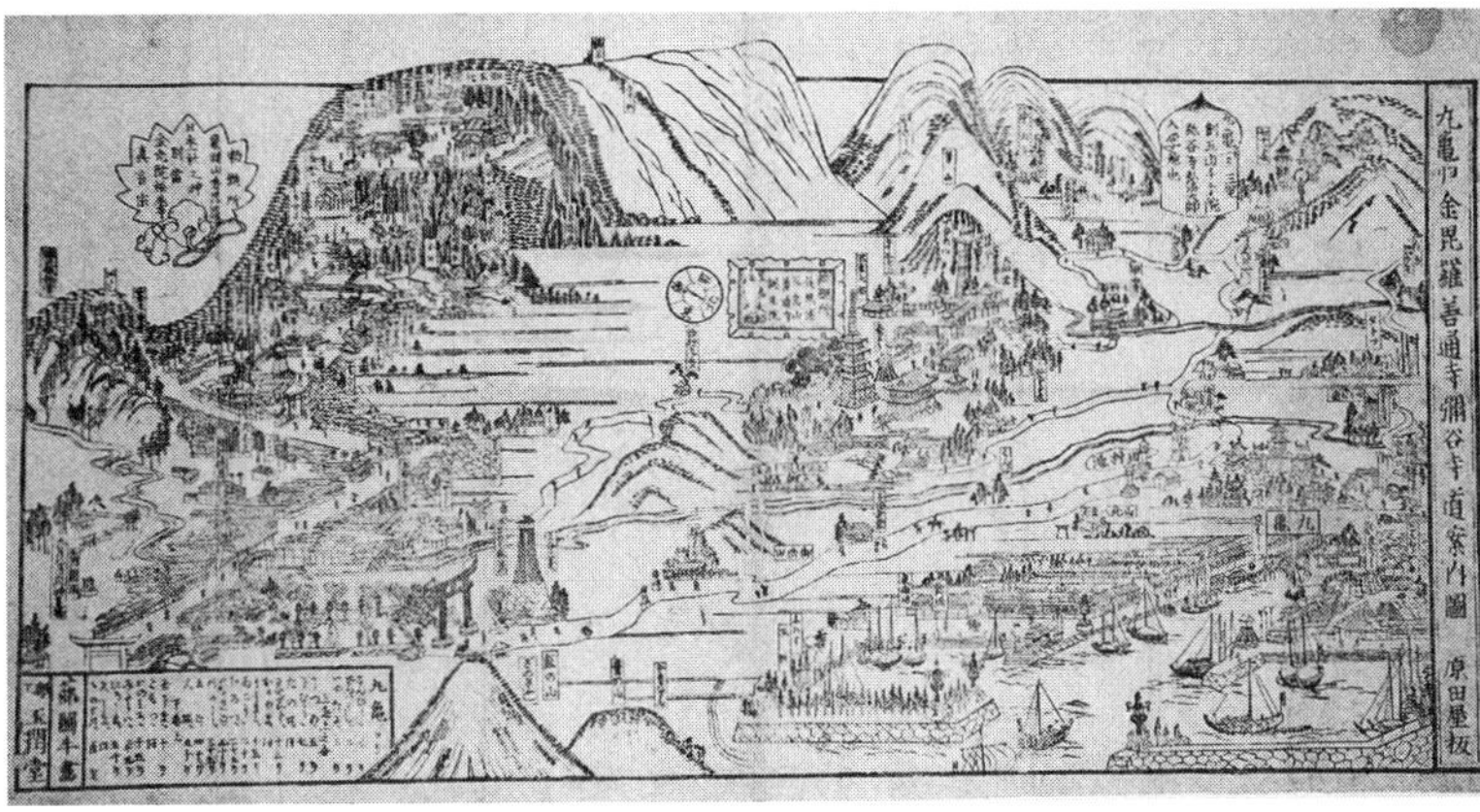

図11　丸亀ヨリ金毘羅善通寺弥谷寺道案内図　蔀関牛画　原田屋版（灸まん美術館蔵）

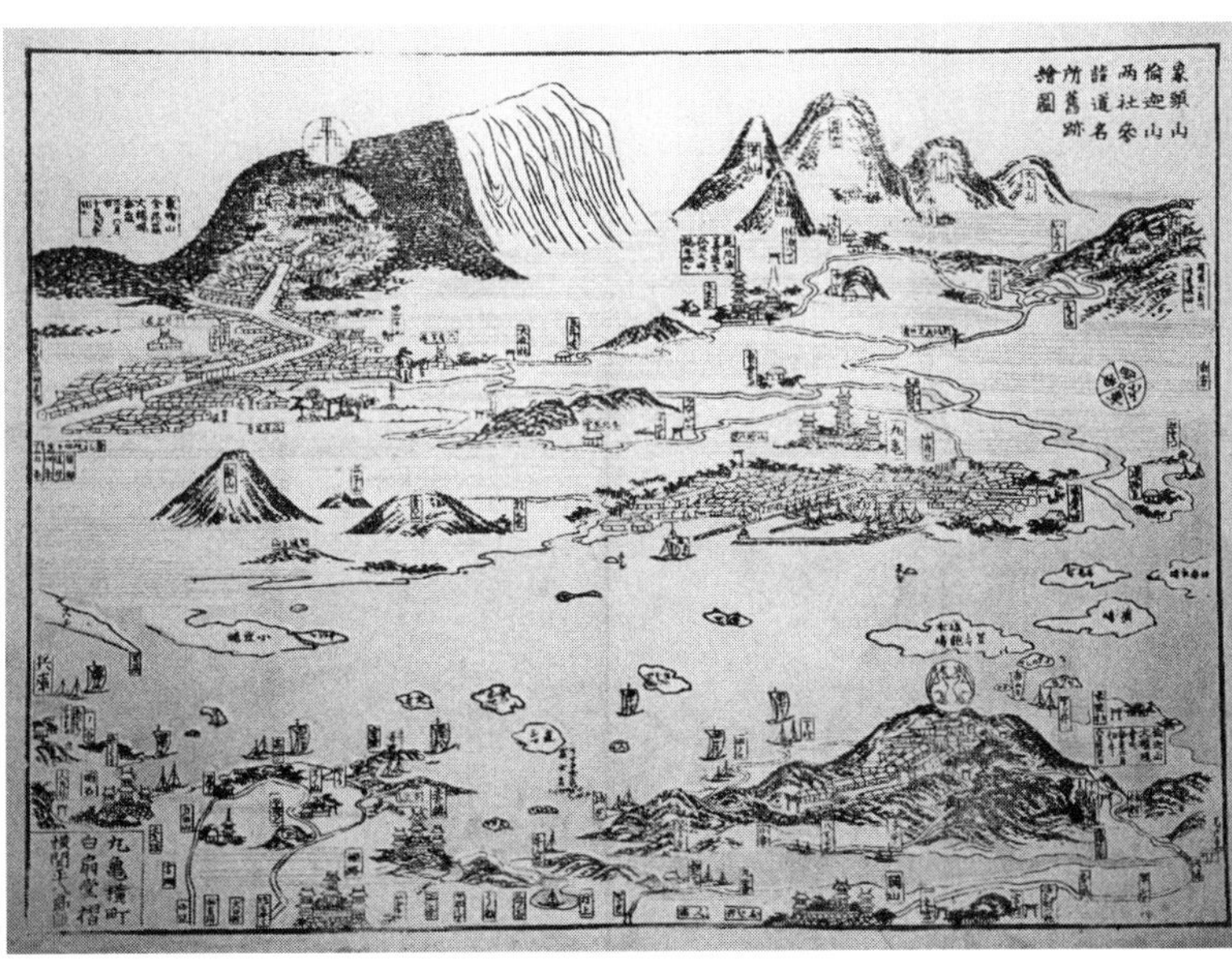

図12　象頭山倫迦山両社参詣道名所旧跡絵図　横関平八郎版（灸まん美術館蔵）

〈表1〉東国からの西国巡礼者と金毘羅参詣

	参詣に出発した年	参詣者の出身地	出発した日	四国への渡海地・舟宿（月日）	四国での着船地・舟宿（月日）	四国での参詣地	本州への渡海地・舟宿（月日）	本州での着船地・舟宿（月日）	瑜伽山への参詣（月日）	帰郷した日
①	宝永3年（一七〇六）	下総国香取郡	5/28	―	―	―	―	―	―	8/13
②	享保6年（一七二一）	甲斐国山梨郡	2/8	―	―	―	―	―	―	4/22
③	天明6年（一七八六）	陸奥国白川郡	1/15	下津井・おのみちや仁左衛門（4/2）	丸亀・あみや為次郎（4/2）	金毘羅→善通寺	丸亀・あみや為次郎（4/3）	下津井・?（4/4）	帰 4/4	5/5
④	寛政2年（一七九〇）	陸奥国白川郡	2/9	下津井・しわくや勘六（5/16）	丸亀・笹屋七右衛門（5/16）	金毘羅→善通寺	丸亀・笹屋七右衛門（5/18）	室津・さどや甚兵衛（5/19）	行 5/16	6/24
⑤	享和3年（一八〇三）	武蔵国多摩郡	1/5	室津・?（閏1/18）	丸亀・?（閏1/19）	金毘羅→善通寺→弥谷寺	丸亀・?（閏1/20）	丑まと・?（閏1/22）	―	?
⑥	文化3年（一八〇六）	武蔵国多摩郡	1/6	（備前児島半島から）（2/20）	丸亀・?（2/21）	善通寺→金毘羅	（丸亀カ記載なし）（2/22）	赤穂・?（2/24）	行 2/20	3/15
⑦	文化9年（一八一二）	常陸国久慈郡	1/4	高砂・つりや伊七郎（3/1）	丸亀・佃屋金重郎（3/2）	金毘羅→善通寺→甲山寺→蔓陀羅寺→弥谷寺→屛風ヶ浦	丸亀・つくたや金十郎（3/4）	下津井・?（3/4）	帰 3/5	4/4
⑧	文化9年（一八一二）	下総国葛飾郡	1/11	―	―	―	―	―	―	4/22
⑨	文政2年（一八一九）	下野国那須郡	1/9	高砂・つか屋伊七衛門（3/3）	丸亀・米屋八太夫（3/5）	金毘羅	丸亀・米屋八太夫（3/6）	牛まと・?（3/8）	―	4/1
⑩	文政13年（一八三〇）	陸奥国耶麻郡	1/9	下村・油屋藤右衛門（3/12）	丸亀・ささ屋七右衛門（3/13）	金毘羅→善通寺	丸亀・ささや七右衛門（3/13）	むろ津・?（3/15）	行 3/12	閏3/8
⑪	天保12年（一八四一）	陸奥国耶麻郡	1/5	下村・油屋藤右衛門（2/9）	丸亀・福嶋屋文十郎（2/10）	金毘羅	丸亀・?（2/10）	室津・?（2/11）	行 2/9	3/10
⑫	天保12年（一八四一）	下総国葛飾郡	?	高砂・津利屋伊七郎（2/10）	丸亀・あみや（2/11）	金毘羅→善通寺	丸亀・阿美屋溜治郎（2/12）	田口・?（2/12）	帰 2/13	3/20
⑬	弘化4年（一八四七）	下野国河内郡	12/9	下村・油屋藤右衛門（2/2）	丸亀・笹屋（2/3）	金毘羅→屛風ヶ浦→善通寺	丸亀・?（2/5）	室津・?（2/6）	行 2/2	2/29
⑭	嘉永6年（一八五三）	下総国海上郡	5/28	高砂・つりや伊七郎（7/21）	丸亀・つくたや金十郎（7/22）	金毘羅→善通寺→弥谷寺→屛風ヶ浦	丸亀・佃田や金十郎（7/24）	下津井・三宅や長之介（7/25）	帰 7/25	8/21

⑮	安政3年（一八五六）	下総国海上郡	5/28	高砂・やりや伴七郎（7/21）	丸亀・つくたや（7/24）	金毘羅→善通寺→弥谷寺→屏風ヶ浦	丸亀・つくたや（7/25）	田の口・西屋善兵衛（7/26）	帰 7/26	?

〔出典〕①「西国道中記」（川名登「海上町に残る『西国道中記』」〈『海上町史研究』二五〉）、②「万覚日記」（国立史料館『史料館叢書七　依田長安一代記』）、③「西国道中記」（川瀬雅男編『西国道中記』）、④「西国道中記」（川瀬雅男編『西国道中記』）、⑤「道中日記」（多摩郷土研究の会『谷合氏見聞録』）、⑥「道中参所附」（東京都世田谷区教育委員会編集『伊勢道中記史料』）、⑦「西国順礼道中記」（大子町史編さん委員会『大子町史料別冊九　西国順礼道中記』）、⑧「西国道中日記帳」（『松戸市史』史料編一）、⑨「伊勢・熊野・金ぴら道中記」（『湯津上村誌』）、⑩「伊勢参宮道中日記」（『会津高郷村史』一　歴史編）、⑪「伊勢参宮道中日記帳」（『会津高郷村史』一　歴史編）、⑫「西国道中日記帳」（『松戸市史』史料編一）、⑬「伊勢・西国道中記」（福田分次『伊勢西国道中記』）、⑭「伊勢参宮道中日記覚帳」「伊勢西国道中録」（川名登「庶民の旅」〈『海上町史研究』一九〉）、⑮「西国道中日記帳」（川名登「庶民の旅」〈『海上町史研究』一九〉）。

三　金毘羅参詣と大坂の舟宿

前節では、東国からの西国三十三所巡礼者が、その巡礼の途中で金毘羅参詣をする際に辿ったコースについて考察してみた。当然ながら、彼らは巡礼の途次に金毘羅へ渡ったのであり、金毘羅参詣後も再び第二十七番札所書写山円教寺以降の巡礼コースに戻らなければならないのであるから、四国への渡海地、四国からの上陸地についてもそうした理由による制約がみられた。では西国巡礼を伴わない参詣者の場合はどうか。同様に彼らの道中記について表2を作成してみた(45)。これら一一例のうち、②・⑤・⑩の三例が紀伊の加太より阿波の撫養に渡っているのがまず注目されるが、実際このルートの利用者も多かったであろうことは、「象頭山参詣道紀州加田ヨリ讃岐廻并播磨名勝附」と題した一枚刷の道中案内図が発行されていることでも証明される(46)（図13）。けれどもやはりその多くは、丸亀に着船し、丸亀街道を経て金毘羅さらには善通寺・弥谷寺と前節の西国巡礼者達と同じコースを辿った。しかも不明の三例を除く八例中七例が前節同様瑜伽山にも参詣したのである(47)。

丸亀と金毘羅を結ぶ丸亀街道は、多度津から金毘羅に至る多度津街道と並ぶ二大金毘羅参詣道のうちの一つである。

〈表2〉 西国巡礼を伴わない金毘羅参詣

	参詣に出発した年	参詣者の出身地	出発した日	四国への渡海地・舟宿（月日）	四国での着船地・舟宿（月日）	四国での参詣地	本州への渡海地・舟宿（月日）	本州での着船地・舟宿（月日）	瑜伽山への参詣（月日）	帰郷した日
①	享和2年（一八〇二）	尾張国名古屋	3/16	大坂道頓堀・大和屋弥三郎（3/26）	丸亀・大黒屋清太夫（3/30）	金毘羅→善通寺→曼陀羅寺→出釈迦寺→弥谷寺→屛風ヶ浦→道隆寺	丸亀・?（4/3）	田の口・?（4/4）	帰 4/4	?
②	天保15年（一八四四）	出羽国村山郡	7/9	加太・魚屋彦太郎（8/13）	撫養・酒田屋惣兵衛（8/14）	霊山寺→極楽寺→金泉寺→大日寺→荘厳院→白鳥大明神→田村大明神→金毘羅→善通寺→弥谷寺→屛風ヶ浦	丸亀・福島屋文十郎（8/18）	田ノ口・?（8/19）	?	9/27
③	弘化2年（一八四五）	武蔵国多摩郡	1/22	大坂ゑびす橋北側・大和屋弥三郎（2/26）	丸亀・大黒屋清太夫（2/29）	道隆寺→海岸寺→弥谷寺→曼荼羅寺→善通寺→金毘羅→本山寺→石手寺	堀江・佐渡屋兵八（3/5）	宮島・小方屋判七（3/7）	――	4/20
④	嘉永3年（一八五〇）	武蔵国足立郡	1/4	下村・油屋藤右衛門（2/5）	丸亀・あみや為次郎（2/6）	金毘羅	丸亀・あみ屋為次郎（2/7）	田ノ口・大黒屋惣右ヱ門（2/7）	行 2/5	2/29
⑤	嘉永3年（一八五〇）	上野国佐位郡	1/28	加太・?（3/3）	撫養・?（3/4）	白鳥明神→志度寺→金毘羅→善通寺→屛風ヶ浦（主要な所のみ）	丸亀・八島屋（3/7）	下村・花屋菊兵衛（3/8）	帰 3/8	4/7
⑥	安政2年（一八五五）	出羽国田川郡	3/19	下村・油屋藤左衛門（5/14）	丸亀・なわ屋（5/15）	金毘羅→善通寺→弥谷寺→海岸寺	多度津・竹屋（5/16）	宮島・中屋（5/19）	行 5/14	9/10
⑦	安政3年（一八五六）	遠江国榛原郡	2/20	田之口・竹屋虎五郎（3/9）	丸亀・柏屋団次（3/10）	金毘羅→善通寺→弥谷寺→屛風ヶ浦	丸亀・柏屋団次（3/12）	大坂・松屋卯兵衛（3/16）	行 3/9	4/6
⑧	文久2年（一八六二）	下野国塩谷郡	1/7	下村・油屋藤右衛門（2/22）	丸亀・福島屋文次郎（2/23）	金毘羅	丸亀・福島屋文次郎（2/23）	下村・花屋菊兵衛（2/24）	行 2/22	3/22
⑨	文久2年（一八六二）	相模国高座郡	1/13	田ノ口・大黒屋惣右衛門（2/22）	丸亀・友屋文蔵（2/23）	金毘羅→善通寺	丸亀・八ツ嶋や伊右衛門（2/23）	大坂八けん谷・山吹（2/25）	行 2/22	3/18
⑩	年次不詳（幕末頃）	出羽国置賜郡	12/5	加太・?（閏1/20）	撫養・?（閏1/21）	白鳥大明神→金毘羅（主要な所のみ）	丸亀・?（閏1/24）	田ノ口・?（閏1/25）	?	2/26 or 27
⑪	年次不詳（幕末頃）	武蔵国荏原郡	1/?	片上・?（2/9）	丸亀・大黒屋（2/10）	金毘羅	丸亀・大こくや（2/10）	大坂・?（?）	?	3/5

〔出典〕①「筑紫紀行」(『日本庶民生活史料集成』二〇)、②「道中日記覚」(野口一雄「金毘羅への道—今田忠助道中日記から—」〈『ことひら』四一、のち同著『山形県の金毘羅信仰』所収〉に概要を紹介)、③「伊勢参宮覚」(東京都世田谷区教育委員会編集『伊勢道中記史料』)、④「伊勢参詣日記帳」(梅田義彦「幕末の金毘羅参詣記二篇」〈『ことひら』二六〉に関連部分紹介。また三谷敏雄「飯田佐兵ヱの金毘羅参詣記」〈『ことひら』四一〉に概要を紹介)、⑤「伊勢金比羅参宮日記」(三谷敏雄「栗原順庵『伊勢金比羅参宮日記』」〈『ことひら』三六〉に関連部分紹介)、⑥「西遊草」(小山松勝一郎編訳『西遊草　清河八郎旅中記』東洋文庫一四〇)、⑦「金毘羅参詣道中日記」(山本光正「〈史料紹介〉『金毘羅参詣道中日記』」〈『国立歴史民俗博物館研究報告』四〉)、⑧「伊勢参宮道中記」(『塩原町誌』)、⑨「伊勢道中日記」(圭室文雄「『伊勢道中日記』について」〈『茅ヶ崎市史研究』二〉)、⑩〈表題欠損〉(野口一雄「金毘羅道中—道中日記から—」〈『ことひら』四五、のち同著『山形県の金毘羅信仰』所収〉に概要を紹介)、⑪「道中記」(梅田義彦「幕末の金毘羅参詣記二篇」〈前掲〉に関連部分紹介)。

はやく位野木寿一氏は両街道に建てられた常夜燈奉納者の調査に基づき、丸亀街道の利用者が大坂をはじめとする畿内から江戸を含んだ表日本の東部全域に及ぶのに対し、多度津街道は九州や山陰・北陸等の裏日本をその後背地域としたと結論されているが(48)、氏の考察通り、本稿で使用した道中記もその多くが関東・東北地方のものであるため、ほとんどが丸亀街道を利用している。

ところで、文政二年(一八一九)六月、大原東野(埜)という一人の画家が、

> 讃州象頭山下、松尾町金毘羅町と云ふ近辺諸道路ともに往還なれど、地の性にや、石道にて諸通行の難儀、殊に金毘羅神へ参詣人、昼夜の分なく、ひきもきらず、その行かよふ道筋の高き低きあり、小石多く、水の溜り、溝岸の欠崩たるにより、人馬の煩となる所少からず、年毎に東埜も此道をかよひて、かゝる夥敷人々の、行き通ひ給へる煩のなからむやうを、こゝろざせども、元より力の及ぶべき業にもあらで、空しく月日を過しけるに、今年にいたりて、大願を興して、東埜が拙き筆の跡なりとも、好る人にあたへて、其価をさだめ、道造る人夫の料となさば、などか此志の遂ざらめと、人々に此大挙をはかりむ、なを余力あらば、当山へ参詣諸方の道路にも、およぼさんとす、幸に義に進む人少からず、各その好たまへる画を需て、吾が志を助給へるゆへに、今その人々の国所を後に記して、遍く諸国に告て、同志の人の日に増し、月に益して、此志を遂させ給むことを、こひねがふ事しかり(49)

と、この丸亀街道修復の大願を発した。一工を一坪の工料とさだめ、半切や扇子は一工、絹地堅物は六工にそれぞれ

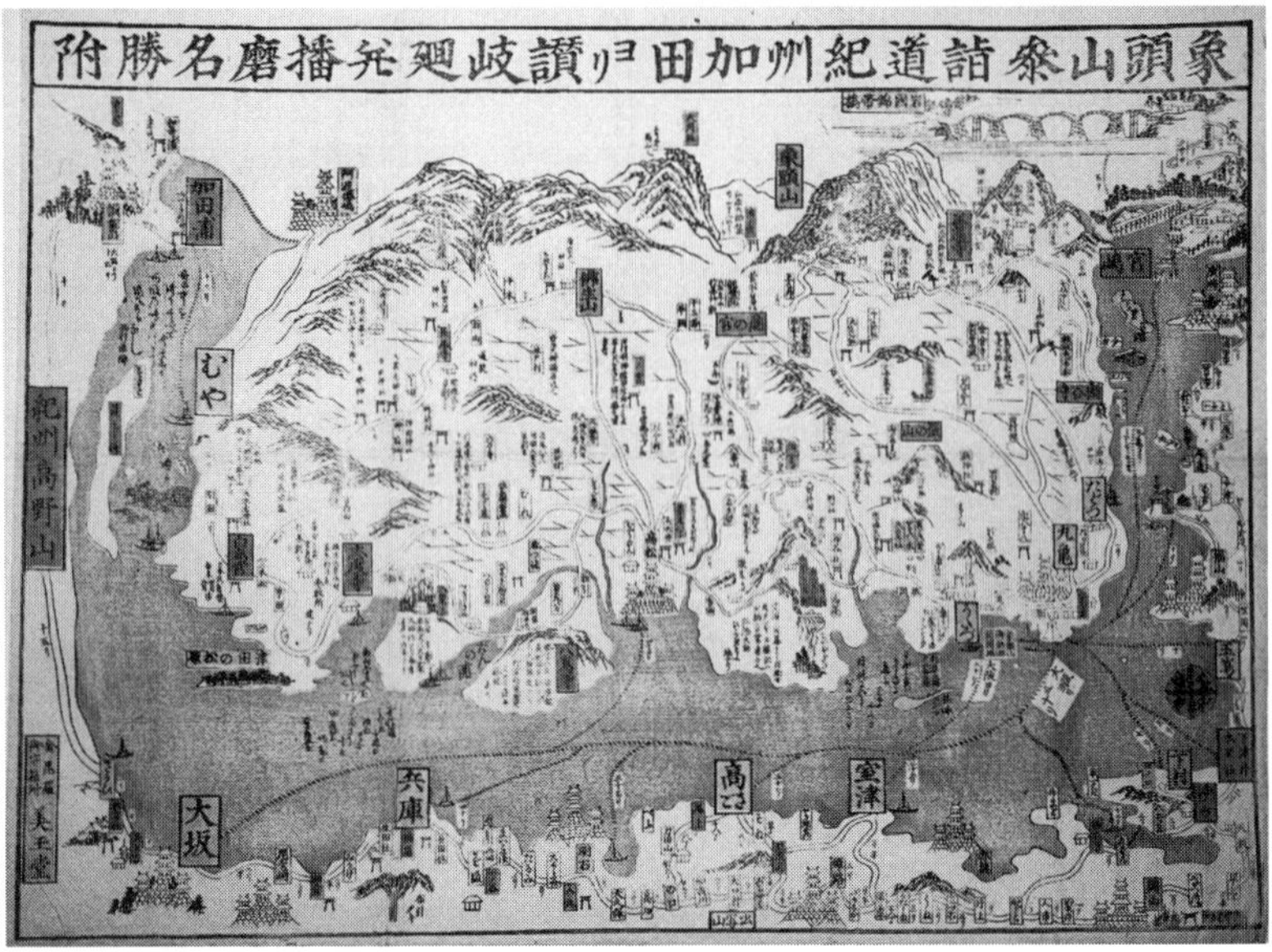

図13　象頭山参詣道紀州加田ヨリ讃岐廻并播磨名勝附　美玉堂版（灸まん美術館蔵）

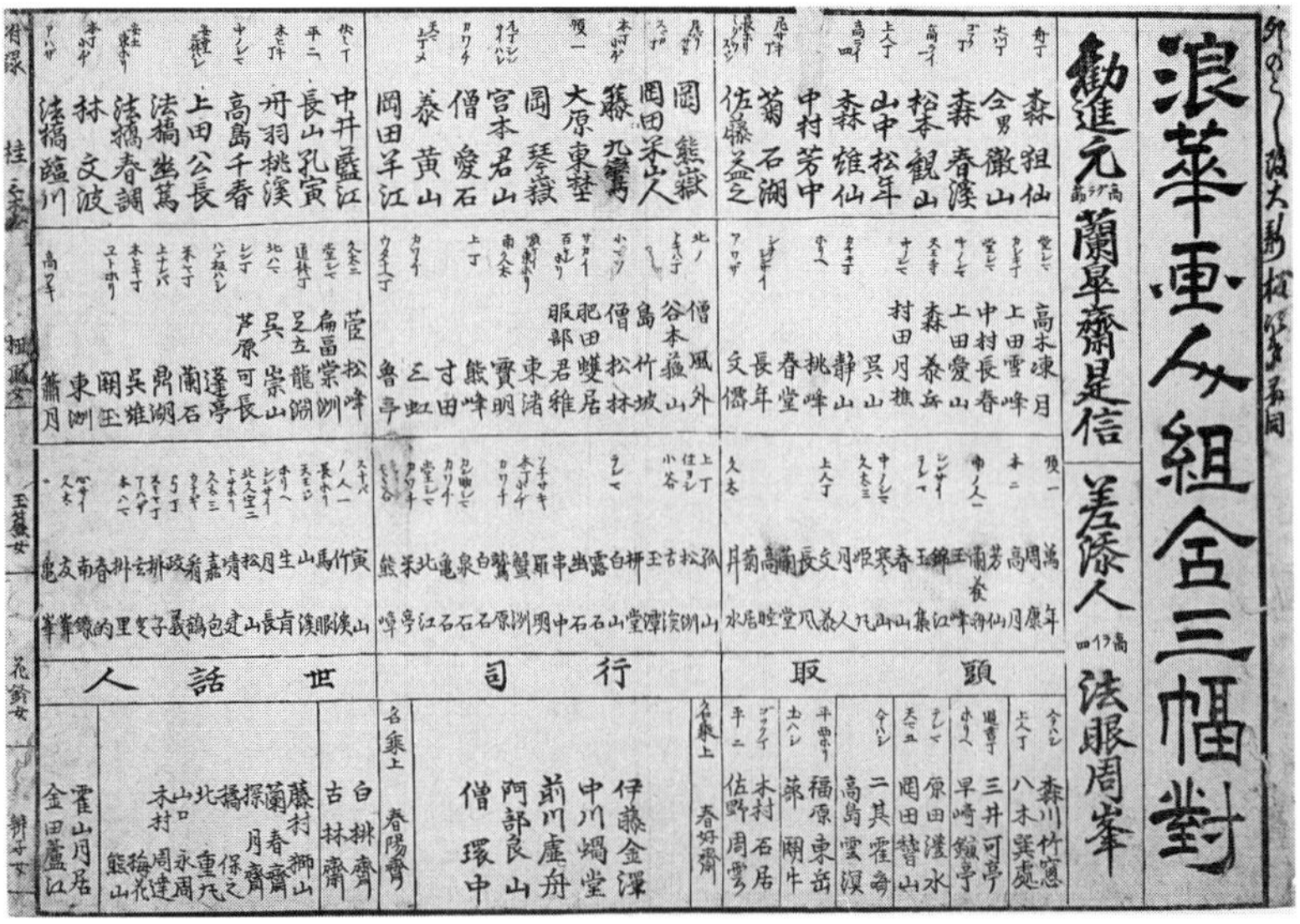

図14　浪華画人組合三幅対（大阪城天守閣蔵）

相当するとして自ら描いた絵を売って道普請の費用とした。彼はもともと奈良・大仏前の宿屋小刀屋の長男で、大坂に出て絵師として活躍、図14として掲載した文化四年（一八〇七）発行の「浪華画人組合三幅対」には、岡田米山人・同半江や上田公長ら著名画家と並んで最上段にその名が見える。当時は順慶町一丁目に住んでいたらしい。『象頭山行程修造之記』巻末に記された喜捨芳名、すなわち東野の絵の購入者名簿には、実家の小刀屋伊兵衛や大坂の有名な版元河内屋太介、奈良・大坂で墨筆を商った古梅園の本・支店等、地元讃岐を凌駕するほど多くの大坂や奈良の人名が見える。勿論こうした背景には、彼の大坂における絵師としての名声や実家の宿屋・小万屋を媒介とした関係が想定しうる。

東野は晩年象頭山の麓、讃岐・苗田村に移り住みこの地で没したが、彼はこの丸亀街道修復計画からも明らかなように大変なアイデアマンであったらしく、高松・松平藩重役に対し、領内と大坂との交通の便をはかるべく港湾の改修工事を献言している。そのプランとは、金毘羅別当金光院主を動かして金毘羅講中より一人一ヶ年七五文ずつ、十年で二〇万両もの大金を寄せ集め、藩には全く財政的負担をかけないで港を修築しようというものであった(50)。残念ながら東野によるこの計画は実現を見なかったようであるが、同様の計画で見事に成功したものに丸亀藩の新堀湛甫造営工事がある。

天保二年（一八三一）表2にもその名をみせた柏屋団治・大黒屋清太夫ら丸亀の浜方町人達は、丸亀・京極藩へ丸亀港に新しい湛甫（舟溜り）の建設を願い出た。藩ではその必要性を認めたものの、藩財政窮乏の折柄藩にはその力がないため、江戸町人の金毘羅信仰を頼りに、江戸・虎の門の藩邸内の金毘羅宮を中心に出入りの有力商人を「千人講」として組織し、常夜燈寄進を名目に資金の調達をはかった。この常夜燈奉献を名目とする計画は、江戸の豪商二代目塩原太助が金毘羅参詣の途次、丸亀の舟宿柏屋団治（図15）宅に宿泊した際、燈籠献灯の意図を洩らしたことがその発端といわれ、「千人講」は一人一ヶ月一〇〇文ずつ掛金し、五ヶ年を限度に、総高六〇〇〇貫（金九〇〇両）を集めることを目標として掲げた。発起人の柏屋団治らも江戸へ出府して、塩原太助宅へ世話人就任を依頼に訪れたのだが、惜しくも先代塩原太助は既にこの世に亡く、三代目太助へと代替りしてしまっていた。三代目は世話人となることは断ったが、金八〇両の寄附を承諾し、こんにちも「奉納　金八拾両　江戸本所相生町二丁目　塩原太助」（図16）と刻まれた通称〝太助燈籠〟が丸亀港に雄然と聳えたっている[51]（図17）。

こうした三代目塩原太助の巨額の寄附もあって、丸亀・新堀湛甫は天保三年（一八三二）に起工、翌四年には無事竣工した。吉岡和喜治氏は、先の大原東野が立案した高松藩での港湾修築計画とこの丸亀・新堀湛甫造営のプランとがあまりにも似かよっていることと、東野がその「覚書」の中で、高松藩の計画は「丸亀の邪魔にも相成り申し候まじく候と存じ候間御安心なし下され候べくと存じ候」と述べていることから、丸亀の場合もその黒幕の一人に東野が名を列ねていたのではないかと推測されている[52]。

さて、こうして修築された丸亀の港には、金毘羅参詣者を乗せた船が高砂や室津、児島半島の下村・下津井・田ノ口等各地からひっきりなしに到着しては、金毘羅参詣を終えた人々を乗せて出航していった。これらの中には、表2にもあるように大坂から来て、大阪へ向かう船もしばしば見られた。先に図10として紹介した資料も、高砂本町の舟宿・つり屋伊七郎と大坂堺筋長堀橋南詰の舟宿・平野屋佐吉が共同で出版・発行した引札を兼ねた道中案内記であった。また、丸亀街道を金毘羅目指して歩くとちょうどその中間に「当村より永代常摂待なり。金毘羅参詣の旅客ここに憩ふ[53]」といわれた与北の茶堂があったが、そこに立つ石燈籠（図18）は、文政十一年（一八二八）九月に表2にもその名のあがる大坂順慶町の舟宿・大和屋弥三郎他によって寄進されたものである（図19）。この他、金毘羅北神苑に向かいあう玉垣にも表2⑦に見える「大坂淀屋橋」「松屋卯兵衛」の名が刻まれており（図20・21）、金毘羅旧金堂の旭社

図15　安政3年（1856）　讃州丸亀京橋東詰
柏屋団治広告暦（大阪城天守閣蔵）

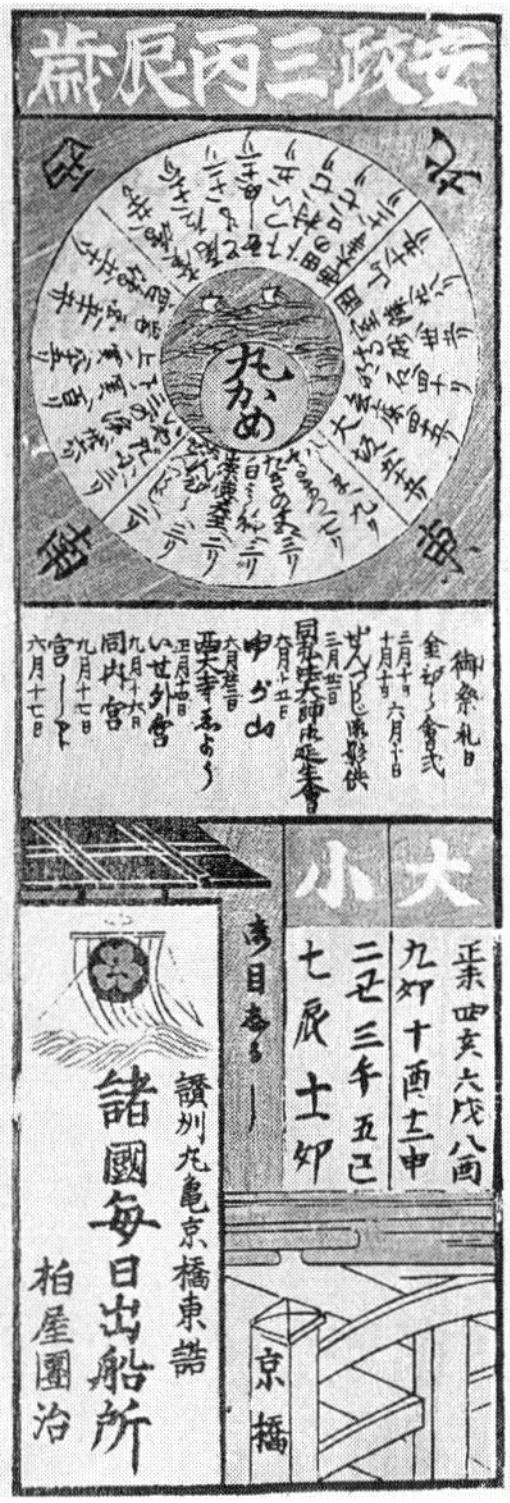

図16　“太助燈籠”に刻まれた塩原太助金八十両奉納の銘文

図17　“太助燈籠”と丸亀港

前には、既に紹介した平野屋佐吉の名が「天保十（一八三九）己亥歳十月吉日」に石段脇の玉垣の願主として記されている（図22・23）。

さらに加えて、人気作家十返舎一九が文化七年（一八一〇）に出版した道中膝栗毛シリーズの内の一つ『金毘羅参詣続膝栗毛』[54]でも、主人公の弥次郎兵衛・北八は、伊勢参宮を終えて大坂までやって来、長町の宿・分銅河内屋に逗留、そこからほど近い道頓堀で丸亀行の船に乗る（図24）という設定がなされる等[55]、大坂の舟宿は金毘羅信仰の普及ときわめて密接な関係にあった。小野寺淳氏によれば[56]、『東海道中膝栗毛』にはじまる一九の道中膝栗毛シリーズは当時の最も一般的な旅行ルートをわれわれに提示してくれているそうであるから、実際には非常に多くの金毘羅参詣者が、大坂からの金毘羅舟を利用したと推測されるのである。

ところで、大坂からの金毘羅舟就航願いが金毘羅別当金光院へ提出されたのは延享元年（一七四四）三月のことである。煩を厭わずその全文を掲げてみる。

一　札

一、讃州金毘羅信仰之輩参詣之雖御座候、海上通路容易難成不遂願心様子及見候ニ付、此度参詣船取立相応之運賃ニ而心安敷渡海候様仕候事

一、右之通向後致渡海候ニ付相願候ニ而、此度御山御用向承候上者、御荷物之儀大小不限封状等至迄、無滞夫々江相達可申候、将又此儀を申立他人妨申間敷事

一、御山より奉加勧進等一切御指出不被成旨、御高札之面ニ候得ハ紛敷儀無之様可仕事

一、志無之輩江従是勧メ候儀、且又押而船を借候儀、仕間敷事

一、講を結候儀、相楽信心を格別講銭等勧心ヶ間敷申間敷、并代参受合申間敷事

図18　与北の茶堂跡に立つ文政11年9月
吉日大和屋弥三郎他奉納の常夜燈

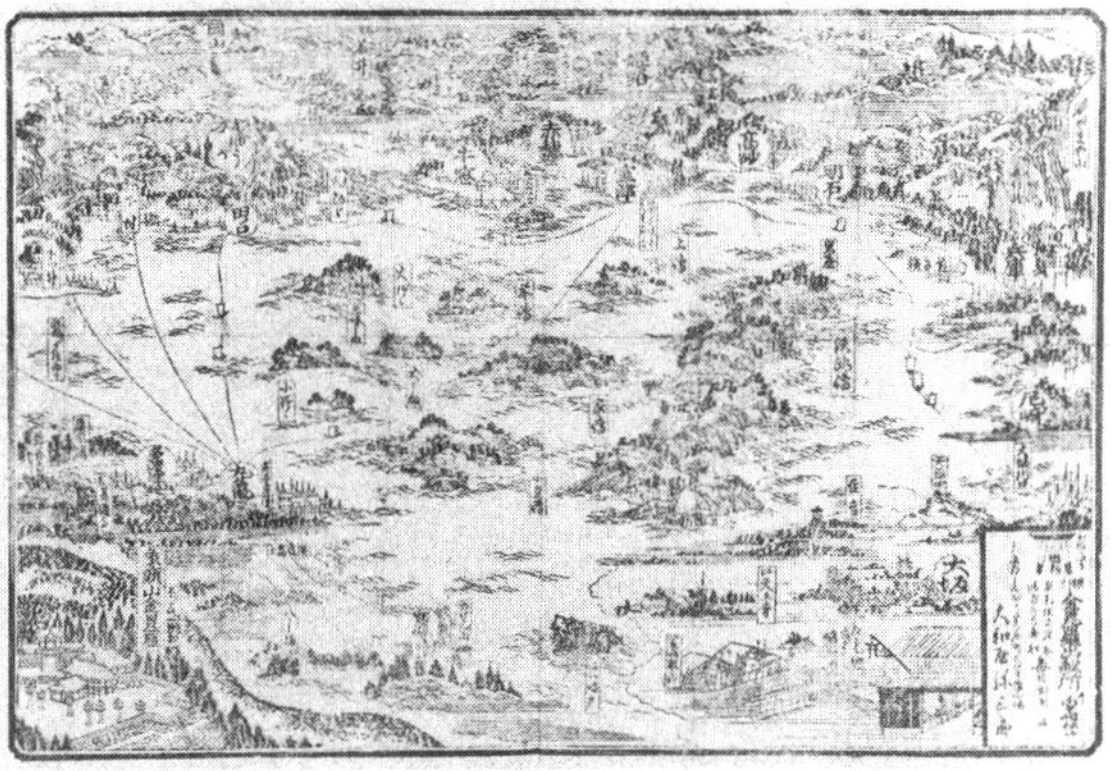

図19　大和屋弥三郎発行の道中案内図を兼ねた引札
（天理大学附属天理参考館蔵）

図20　「大坂淀屋橋」「松屋卯
兵衛」と刻まれた玉垣

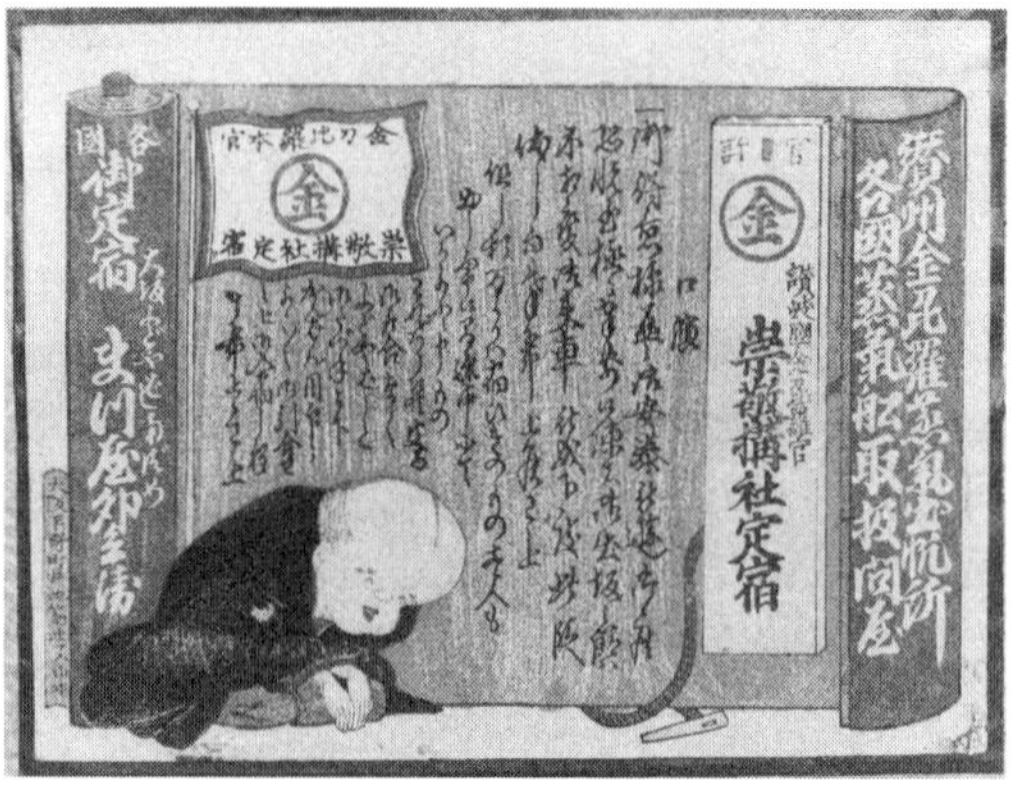

図21　松屋卯兵衛発行の引札（明治期のもの）
（天理大学附属天理参考館蔵）

図22「天保十己亥歳十月吉日　願主　大阪長堀橋南詰　平野屋佐吉」と刻まれた玉垣

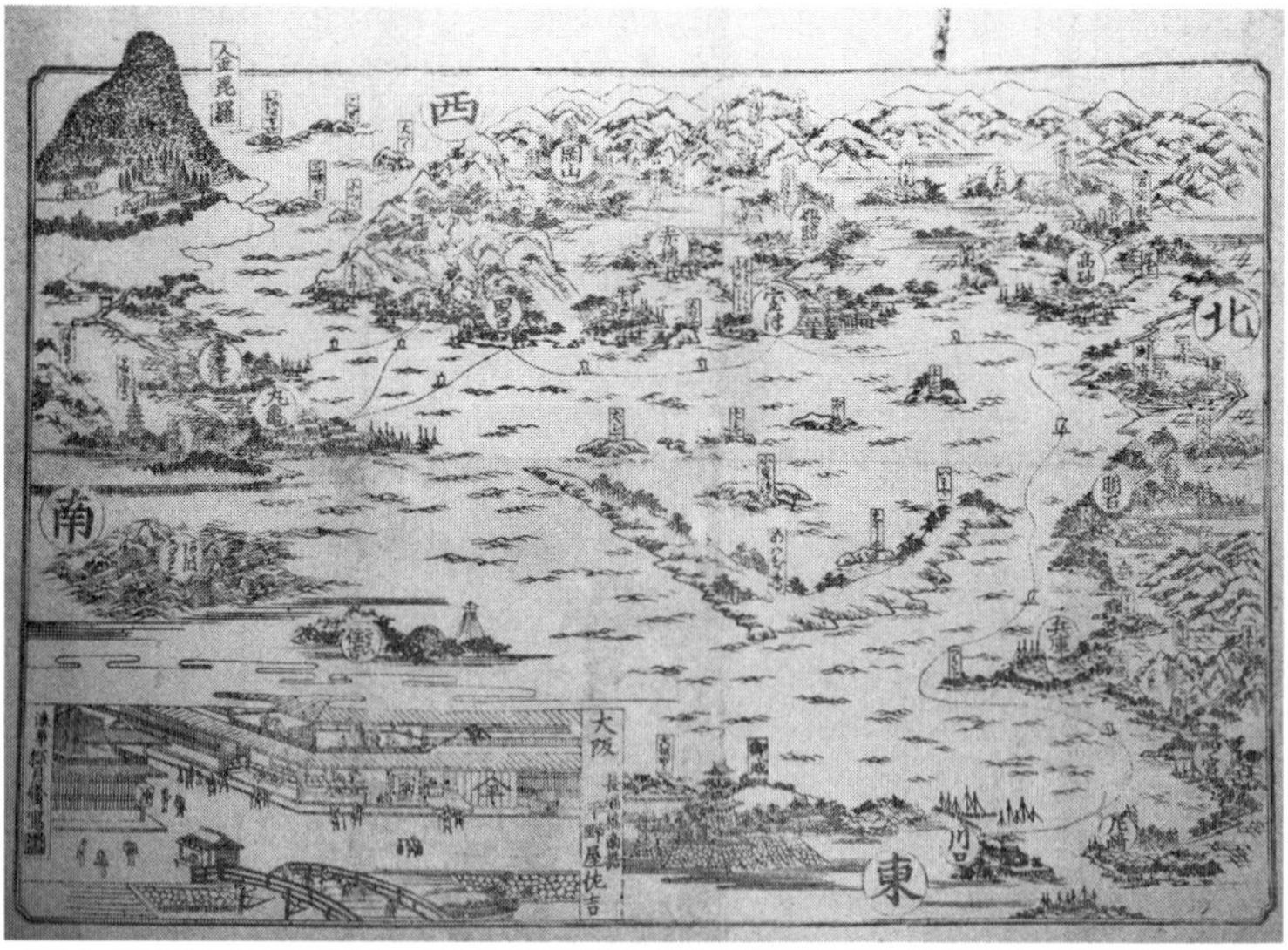

図23　平野屋佐吉発行の道中案内図を兼ねた引札　探月斎画（灸まん美術館蔵）

一、万一難風破船等有之如何様之儀有之候へ共、元来御山信仰ニ付取立候儀ニ候得者、少茂御六ヶ舗儀掛申間敷事

右之趣堅可相守候、若向後御山御障ニ相成申事候は、何時ニ而茂御山御出入御指留可被成候、為後日證人致判形候上は、猶又少茂相違無御座候、仍而如件

延享元甲子年三月

大坂江戸堀五丁目
明石屋
佐次兵衛㊞

同　大川町
多田屋
新右衛門㊞

同　江戸堀弐丁目
餝屋
證人　吉兵衛㊞

道修町五丁目
和泉屋
同　太右衛門㊞

金光院様
御役人衆中様(57)

図24　『金毘羅参詣続膝栗毛』挿画「大坂道頓堀丸亀船出船の図」（大阪府立中之島図書館蔵）

本願書に「此度御山御用向承候上者、御荷物之儀大小不限封状等至迄、無滞夫々江相達可申候」とある通り、大坂と丸亀を結ぶ金毘羅舟は金毘羅別当金光院の御用を引き受けるとの条件付で許可されたらしい。『金毘羅山名所図会』にも「又御山より大坂諸用向につきて海上往来便船の事は、大坂よどや橋南詰多田屋新右衛門これをあつかりつとむ」[58]とあって、当初はこの多田屋新右衛門が金毘羅と特別な関係を結んで大坂～丸亀航路をほぼ独占していたようにも見うけられる。天明七年（一七八七）に多田屋は江戸の大口屋平兵衛とともに金毘羅に絵馬堂を寄進しているが、これもこうした関係が両者間に存在した故であろう。[59]安永七年（一七七八）に出版された『金毘羅参詣海陸記』でも、先に願書をともに提出した明石屋佐次兵衛の前に大坂の舟宿としてその名が筆頭に記され（図25）、最古の金毘羅霊験記である明和六年（一七六九）刊『讃州金毘羅霊験記』の奥付にもその名が見られる等、多田屋は金毘羅信仰の普及に多大な寄与をしたらしい。[60]

十返舎一九は『金毘羅参詣続膝栗毛』の中で、弥次・北を道頓堀から船出させたが、その冒頭に「此書には旅宿長町の最寄なるゆへ道頓堀より乗船のことを記すといへども金毘羅船の出所は爰のみに非ず大川筋西横堀長堀両川口等所々に見へたり」[61]と但し書を加えている。けれども一九が弥次・北をそうさせたように、金毘羅舟乗船の中心は大川筋の淀屋橋から道頓堀・長堀の方へ移動していったらしい。[62]弘化三年（一八四六）刊の『浪華買物独案内』（図26）や慶応三年（一八六七）刊の『増補浪花買物独案内』（図27）を見ればそうした状況の変化は一目瞭然である。それにしても両書を見て驚かされるのは、「や」で宿屋の項目を引いたにもかかわらず、「讃州金毘羅出船所」と大書されていたり、そこ迄はいかないにしてもほとんどの宿が「金ひらふね毎日出し申候」等と金毘羅舟の出船所であることをアピールしているという点である。弘化三年分に、弥次・北の泊ったふんどう河内屋とともにその名の見えた大坂長町七丁目の宿屋・ひょうたん河内屋庄右衛門の場合、現存する二枚の引札いずれにも金毘羅舟乗船場を描き込んでおり（図

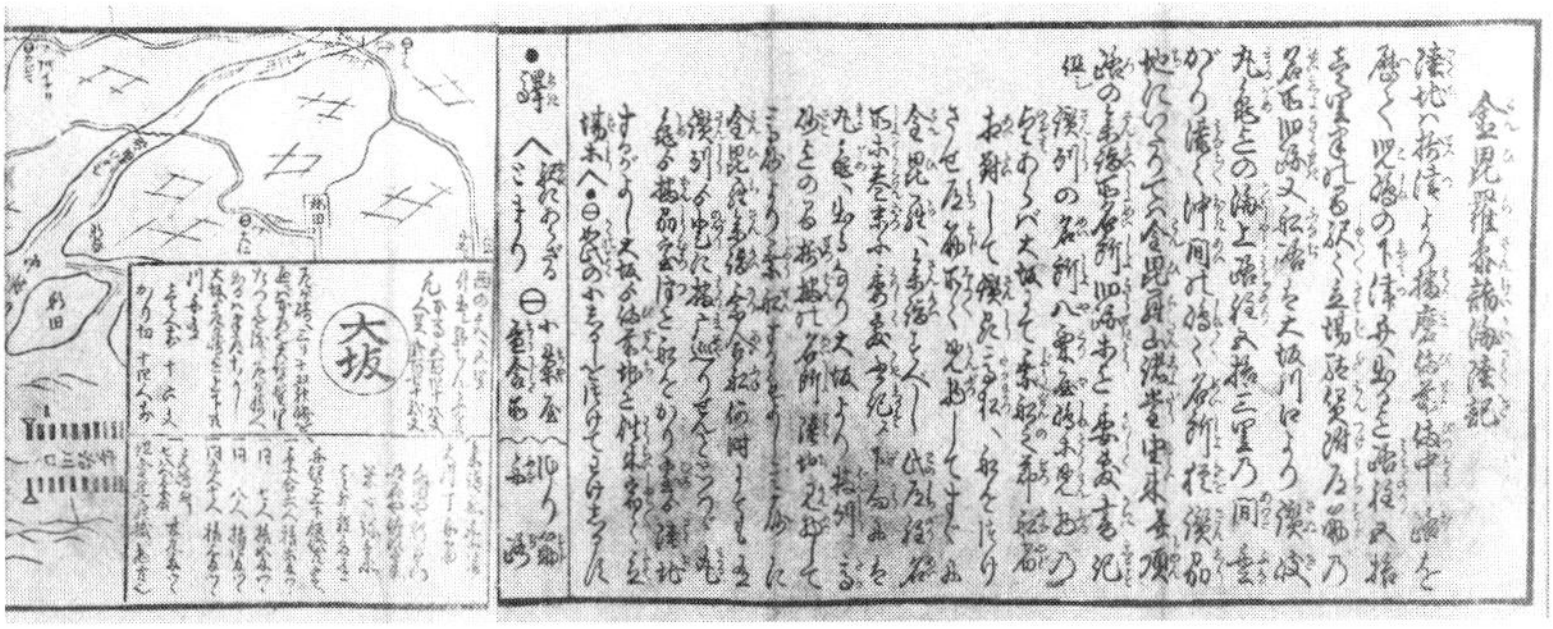

図25　『金毘羅参詣海陸記』(冒頭部分)(天理大学附属天理参考館蔵)

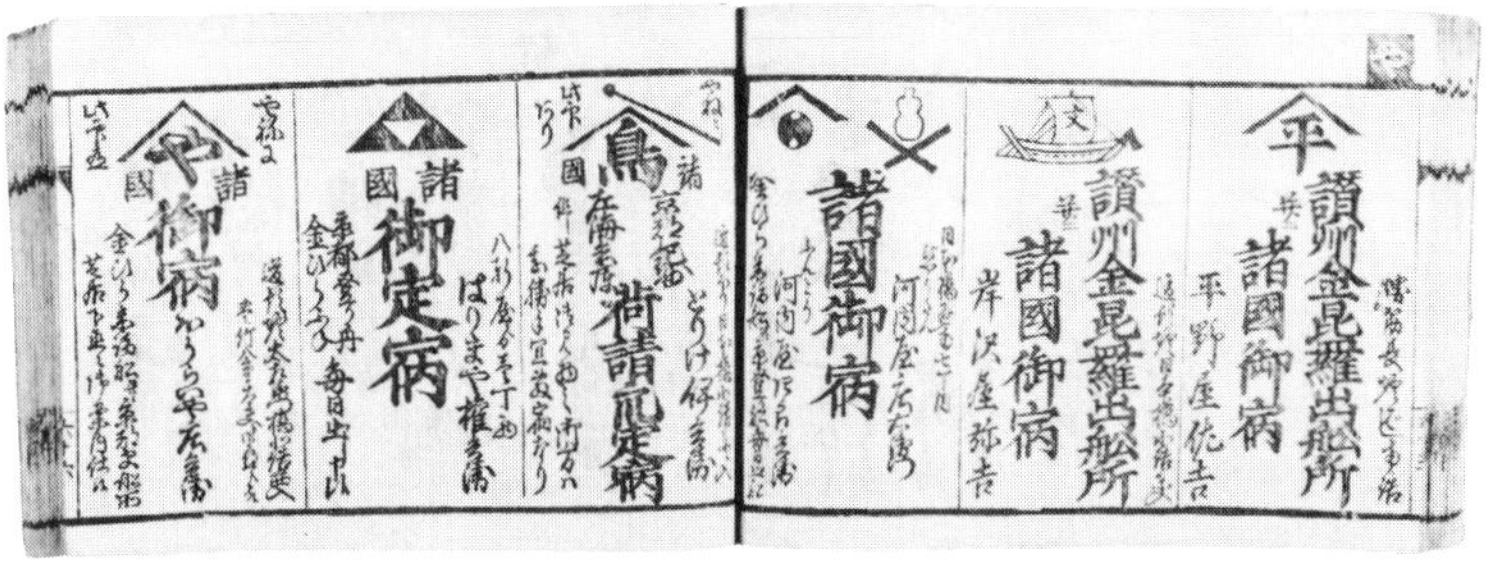

図26　弘化3年(1846)刊『浪華買物独案内』(部分)(大阪城天守閣蔵)

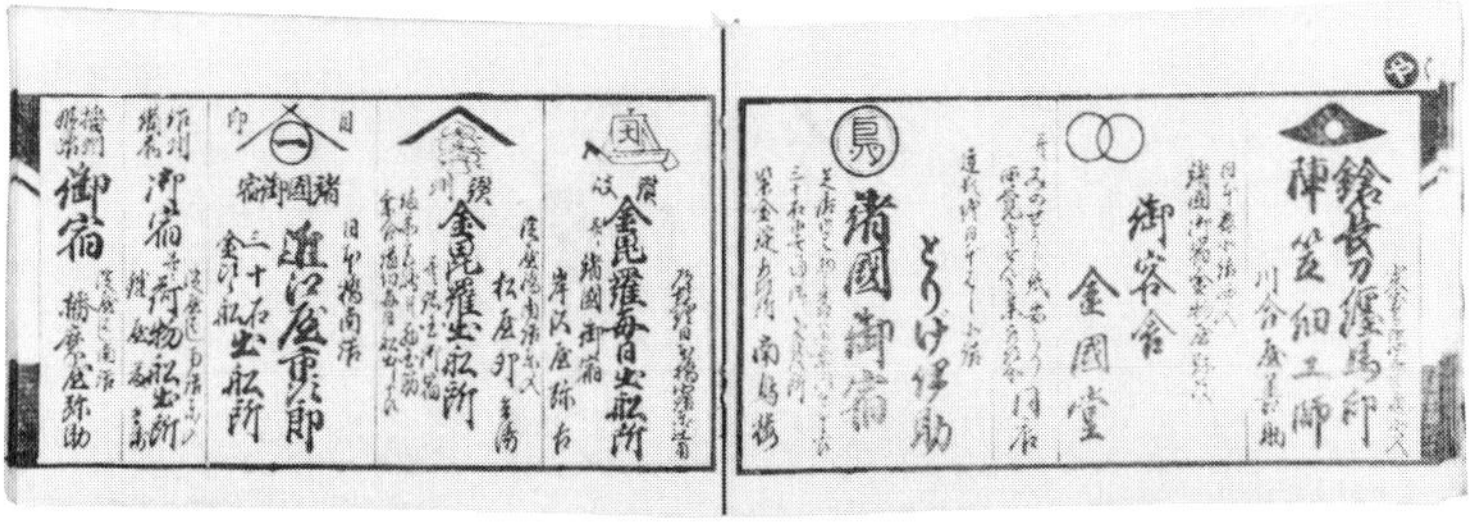

図27　慶応3年(1867)刊『増補浪花買物独案内』(部分)(大阪城天守閣蔵)

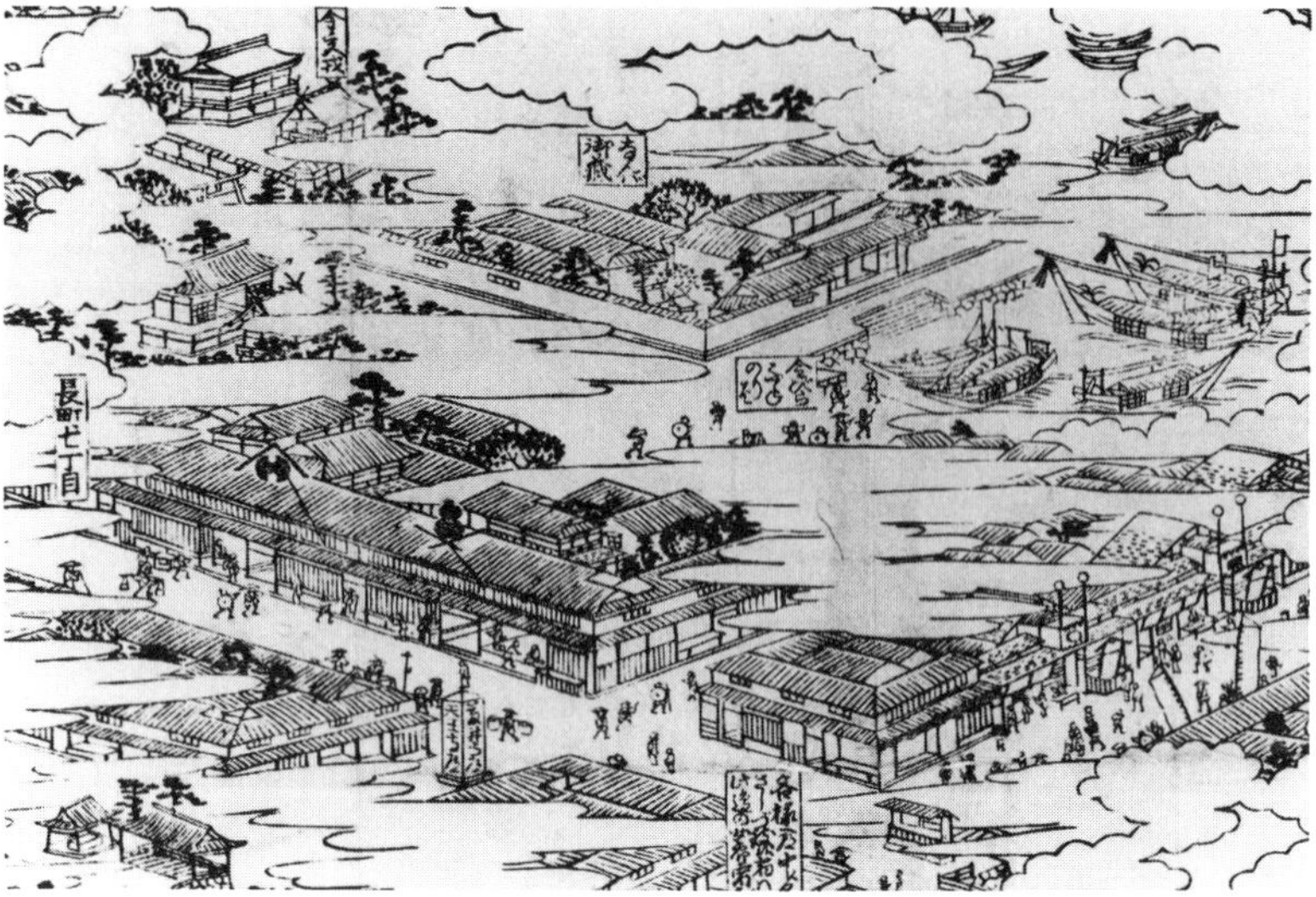

図28　ひょうたんかわちや庄右衛門引札（部分）（大阪城天守閣蔵）

図29　ひょうたん河内屋庄右衛門引札（部分）（大阪城天守閣蔵）

28・29)、大坂の宿屋にとって金毘羅参詣客が如何に大きい存在であったかを思い知らされるのである。

四　大坂市中における金毘羅信仰

金毘羅船々
追風《おいて》に帆かけて　シュラシュシュシュ
廻れば四国は
讃州那珂郡象頭山　金毘羅大権現
一度廻れば

この巷でよく知られた俗謡は、もともと元禄年間に大坂で歌い出された歌だったとされる(63)。年代的にはともかくとして、前節でみたように各地から金毘羅参詣客が集い、そして舟に乗って一路丸亀に向け旅立ってゆく直接の基地となった大坂でこうした歌が歌いはじめられたとして何ら不思議はない。けれども実際の船旅は、なかなかこの歌詞のようには調子よくいかなかったようで、大坂~丸亀間にくらべればずっと短距離の高砂~丸亀間でさえ、「三月一日船中泊り、翌二日こき行申候得者、昼八ツ時分より風強く波高く船中不残船によひ、いやはや難渋仕申候、漸四ツ時風静ニ罷成候而漸人心地ニ罷成よみかへりたる計也」(表1⑦)とか、「此時風浪悪しくして廿一日七ツ時ニ船ニ乗、廿四日七ツ時ニ丸亀の岸ニ上りて、三夜三日之内船中ニおり一同甚タ難渋仕」(表1⑮)といった記述がみられる。さらには表2④のように一旦高砂から乗船しながら「四日八ツ時頃迄殊之外逆風ニ付、牛まど村江舟ゟ上り」と、途中で舟をおりて陸路を下村まで行きそこから丸亀へ再び海を渡ったという事例も存在する。この時彼は、「四百八拾文舟銭。

剰返請取。金ひら参詣ニハ決而舟ニのり（る）べからず」と大いに憤慨している。

大坂から乗船したケースとしては、道頓堀の大和屋弥三郎から乗船したにもかかわらず「六日朝南風にて出帆できず、是より舟を上り、大和屋迄舟賃を取返しに行」（表2⑪）った例が知られる。彼の場合も再び陸路をとり備前片上から丸亀に渡ったが、先ほど見たように高砂～丸亀間でさえ一たび海が荒れれば生きた心地がしなかったのであるから、それよりずっと長時間船に乗り続けなければならなかった大坂～丸亀間ではなおさらのことであったろう。陸路中心の当時の旅において、舟旅は金毘羅参詣の目玉ではあったが、楽な反面危険は常につきまとったのであり、その危険きわまりない舟旅を無事終えて金毘羅参詣を果たせたのだという思いが、航海守護の神としての金毘羅信仰をより大きく飛躍させた可能性は高い[64]。

さて、金毘羅舟が着船する丸亀港のすぐ傍らに「天保年間新堀堪甫築造の際の剰土を盛りたる所に丸亀藩大坂蔵屋敷に祀りありし神社を奉遷した[65]」という玉積神社（玉積社）が鎮座する。『讃州丸亀平山海上永代常夜燈講』という表題を持つ寄付募集帳には、この玉積社について、「御加入の御方様御姓名相印し置き、家運長久の祈願、丹誠を抽で、月々丸亀祈禱所に於て執行仕り候間、彼地御参詣の節は、私共方へ御出で下さるべく候。右御祈禱所へ御案内仕り、御札守差し申すべく候」とあって[66]、同社が〝丸亀祈禱所〟と呼ばれていたことが知られるのだが、筆者には、この玉積社が、金毘羅を目指した参詣者達が無事丸亀に上陸できたことを感謝し、金毘羅参詣を終えた人々が再び乗船するに際して舟旅の安全を祈る、そうした役割を担っていたと感ぜられてならない。「彼地御参詣の節は、私共方へ御出で下さるべく候、右御祈禱所へ御案内仕り、御札守差し申すべく候」という記述は、このような〝金毘羅丸亀祈禱所〟玉積社の機能について述べたものではなかろうか。

既に記したように大坂道頓堀にほど近い法善寺にも金毘羅が祀られ、「当寺境ハ道頓堀芝居の傍辺にして難波新地につゞきたれバ四時ともに賑わしく殊に金毘羅の神験いちじるしきとて昼夜の群参雲霞の如く日毎の御膳山をなし献上の蠟燭万燈にひとしく香爐の線香燃て恰も篝火に似たり平日といへども斯のごとく況や例月十日においてをや其夥しきこと言語に絶す[67]」と記されるほど大いに賑わっていたが、この法善寺の金毘羅も金毘羅舟乗船場に近接する立地条件からして、当初は玉積社同様の役割を果たすべく勧請されたのではないかと筆者は考えている。

いずれにせよ、法善寺の金毘羅が讃岐へ向かう旅人達だけでなく、もっと多くの大坂市民の信仰をうけていたことは、先の記述からして疑いない。

宮田登氏は、近世江戸の大名屋敷に祀られた鎮守が流行神化する事例を紹介してこられたが[68]、金毘羅についても讃岐を所領とした大名達―高松松平家や丸亀京極家、あるいは両家以前に讃岐を領していた生駒家等がそれぞれ江戸屋敷に金毘羅を祀っており、それらが江戸における金毘羅信仰の発火点になったことを明らかにされた[69]。これら大名屋敷では毎月十日金毘羅の縁日に裏門を開放し、一般庶民の参詣を許し、縁日以外の日には裏門に賽銭箱が設けられていて、人々はそこから願掛けを行なった。宮田氏は、これを「江戸独特の現象」と評価されたが[70]、こうした江戸庶民への金毘羅信仰の浸透が、既に見た丸亀・新堀湛甫の造営を実現させたのである。では大坂の場合はどうであったか。

大阪城天守閣に含粋亭芳豊が描いた『花暦浪花自慢』という錦絵シリーズが所蔵されている。本シリーズは上部に大坂の年中行事と花暦を文字で記し、下部に代表的な行事の様子を錦絵で描いたもので[71]、残念ながら大阪城天守閣本は、一・二と六〜十四、十六〜二十[72]の計一六枚で完全揃ではない。けれどもこれらによれば、例えば十一には「宇和じま御屋しき祭」（六月十一日）・「出雲御屋しき祭」（六月十四日）・「なべしま御屋しき祭」（六月十五日）・「中国御屋しき祭」（六月十五日）、十二に「阿波御屋しき祭」（六月十六日）・「筑後御やしき祭」（六月十八日）・「明石御やしき祭」（六月十八日）、十四に「米子御やしき祭」（七月十九日）等の記述が見られ、大坂でも各藩蔵屋敷に祀られていた鎮守神が祭日には一般庶民に開放されていた様子がうかがえる。惜しいことに金毘羅の祭日十月十日が含まれる一枚は大阪城天守閣本には見出せないが、同じ大阪城天守閣に所蔵される弘化四年（一八四七）刊「浪華の日名美」は、『花暦浪花自慢』と同じ石川屋和助（石和）から出版されたもので、多少の出入りはあるものの、その年中行事や花暦の記述が『花暦浪花自慢』のそれと文言までほぼ一致することから、同シリーズの欠を補う貴重な史料であると解される。[73] これによって十月の欄を見てみると（図30）、「十日金毘羅祭」としてまず「千日ほうぜんじ」をあげたあと、一つ置いて「丸亀御屋しき」・「高松御屋しき」の記述が見える。また『摂津名所図会大成』には、

金毘羅祠　同東丸亀御くらやしきにあり毎月九日十日諸人群参してすこふる賑わし

とか、

金毘羅祠　常安裏町高松御くらやしきニあり霊験いちじるしきとて晴雨を論ぜず詣人常に間断なし殊に毎月九日十日ハ群参なすゆへ此辺より常安町どふりに夜店おびたゞしく出て至つてにぎわし又例年十月十日ハ神事相撲あり

とあって、[74] 決して江戸の状況が「江戸独特の現象」ではなく、大坂でも蔵屋敷に祀られた金毘羅を毎月の縁日に庶民に開放することで金毘羅信仰がひろまっていったと考えてよいのではないかと思う。けれどもそれら蔵屋敷に祀られた金毘羅は基本的に大名のものであり、縁日以外は一般庶民に開放されないという性格を有した。それ故、金毘羅信仰の普及が、常時参拝可能な金毘羅を勧請させたとも考えられる。既に何度か紹介した法善寺の金毘羅がその一つであり、『浪華百事談』には、「持明院金毘羅祠」について、「生国魂神社大鳥居の西の筋の角に、持明院といふ真言宗の寺あり、其寺内に金比羅の祠あり。其神体は京都御室仁和寺宮より、当院へ御寄附なりしを、鎮守とせしにて今もあり。昔は詣人多き社にて、上の金比羅と称す。当社をかく云へるは、法善寺の内の金比羅を、下の金比羅といひ、高津社の鳥居前にある寺院に祭るを、中の金比羅といひ、此を上の社といひて、昔は毎年十月十日の会式の時、衆人必らず三所へ参詣せしとぞ。余が若年の時も、三所へ詣る人多く、高津鳥居前より此辺大ひに賑はしき事なり。今は

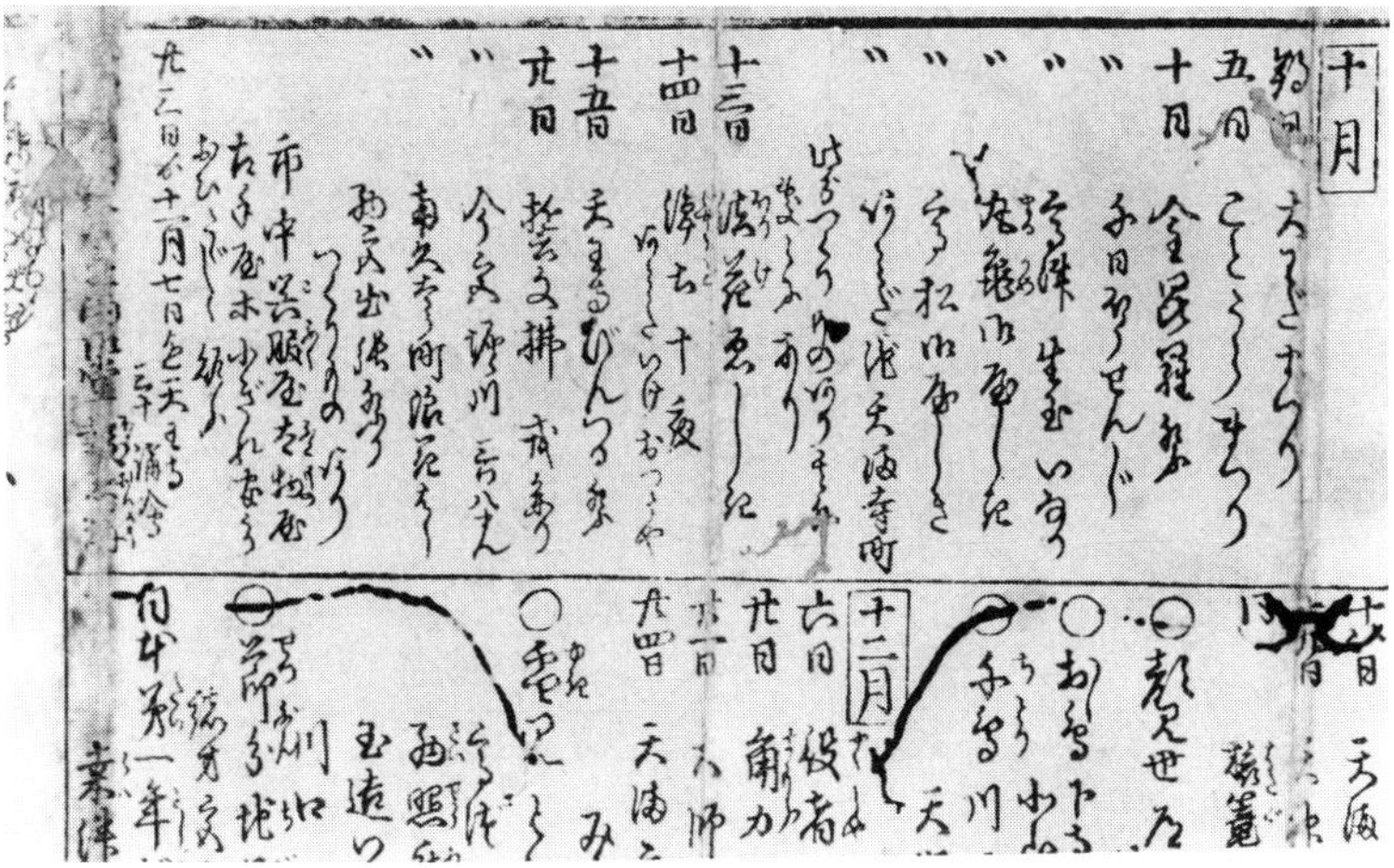

図30　弘化4年（1847）刊「浪華の日名美」（部分）（大阪城天守閣蔵）

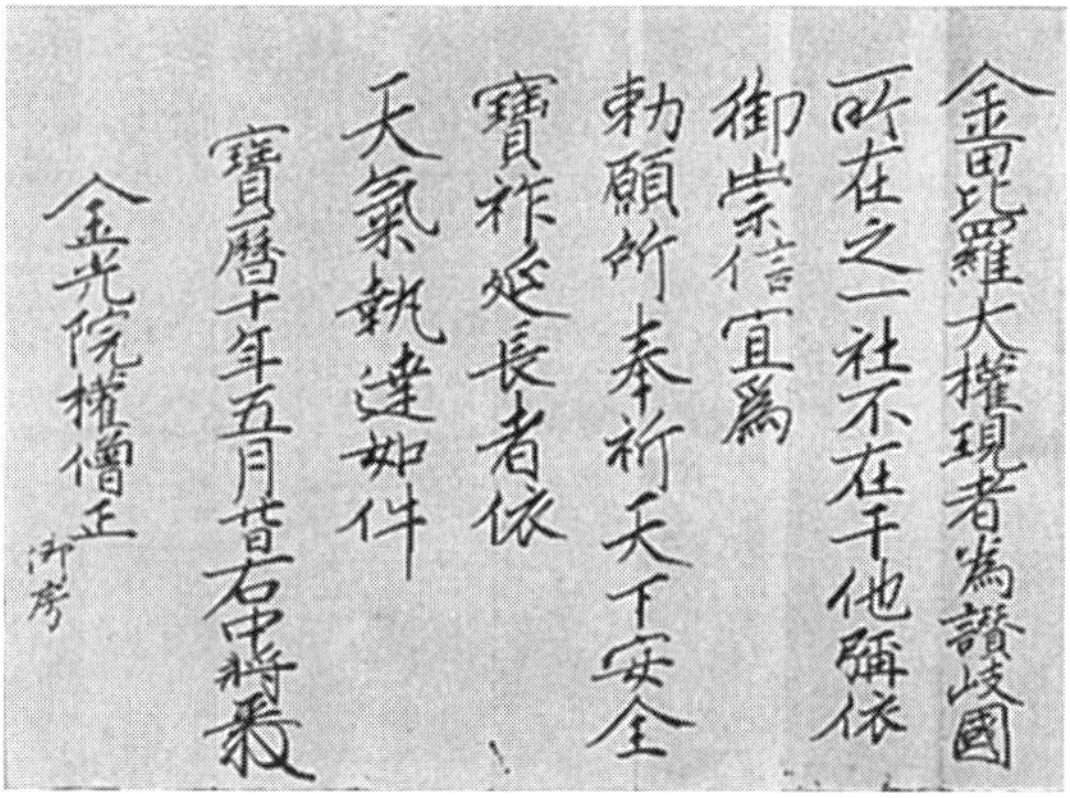

金毘羅大權現者為讃岐國
所在之一社不在于他彌依
御崇信宜為
勅願所奉祈天下安全
寶祚延長者依
天氣執達如件
寶暦十年五月廿日右中將兼
金光院権僧正
御房

図31　宝暦10年（1760）5月20日付　金光院権僧正宛
桃園天皇綸旨（金刀比羅宮蔵）

参詣人少き社なり」[75]との記述があって、生玉持明院の金毘羅と高津報恩院・法善寺の金毘羅が上・中・下とならび称されて大坂市中の三大金毘羅として崇敬されていたことを教えてくれる。

　宝暦十年（一七六〇）桃園天皇より「金毘羅大権現者為讃岐国所在之一社不在于他」との所謂〝日本一社の綸旨〟（図31）を賜った讃岐の金毘羅本社は、第一節で見たようにこれを楯に各地の金毘羅を〝贋開帳〟として取り締まった[76]。法善寺の金毘羅もこれによってクレームをつけられたと考えられる。しかし〝日本一社の綸旨〟は、それ以前に金毘羅信仰の普及に伴い各地で金毘羅が祀られるという状況が既にあったため、これを取り締まる方策として讃岐本社が獲得したものであって、当然〝日本一社の綸旨〟以前にも〝贋開帳〟は多く見られた。生玉持明院の金毘羅もその一つで、

一、享保十四己酉歳御室末寺大坂生玉於持明院、金毘羅権現之由申立、公儀江相願致開帳候ニ付、御停止之儀、町御奉行松平日向守殿・稲垣淡路守殿江、高松御屋舗御留主居山室藤右衛門殿御添使者ニ而、代僧普門院ヲ以相願候処、願之通相済候得共尚難捨置儀有之、再応願出追而御裁許相済、相止候事[77]

と、その居開帳にストップがかかったことが知られる。けれども『金毘羅一山規則書』[78]に記される他の〝贋開帳〟が、ことごとく神体・札守の板木等を金毘羅別当金光院に没収されてその幕を閉じているのに対し、何故か法善寺にしろ持明院にしろそこまでの処分はうけなかったようで[79]、以後も大坂市中の金毘羅信仰の拠点として繁栄し続けた。

　ところで、近世における西国巡礼や四国遍路の隆盛は、全国各地に国単位や郡単位の新西国・新四国と称される地域的巡礼地を多数生み出した[80]。他方、江戸・京都・大坂といった大都市でも多種多様な巡礼が成立しており、前者の農民を主たる対象とした巡礼の場合、例えば奈良県五条市の大和新四国八十八ヶ所霊場のように今日でも毎年春四月十五日〜二十一日と秋九月二十七日〜十月三日までの各七日間を限って機能しているのに対し[81]、都市におけるこれら

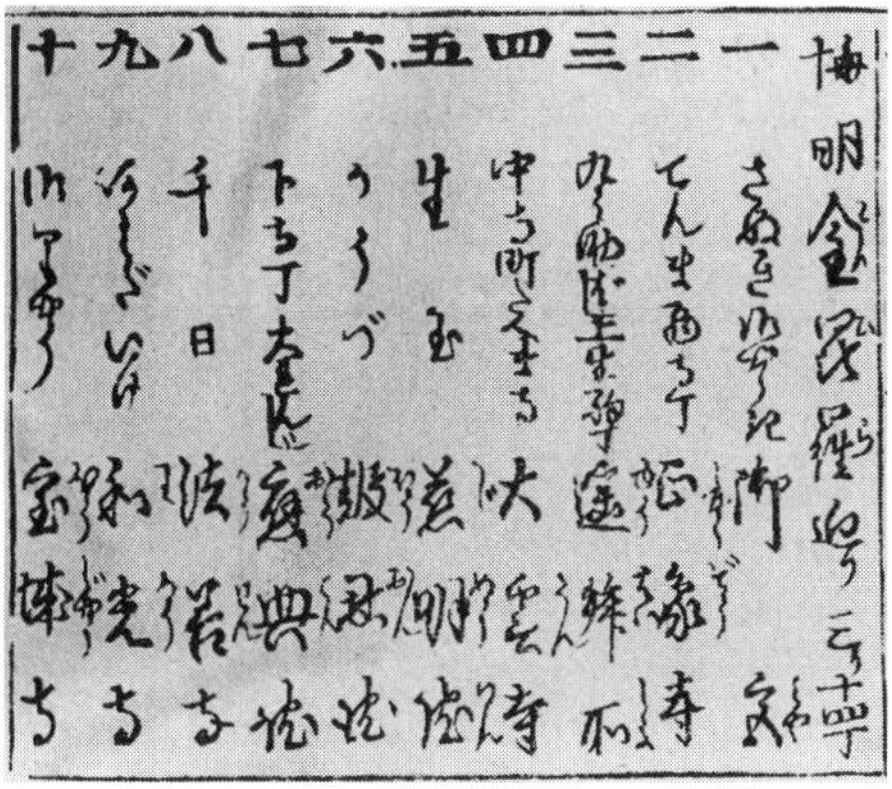

図33　弘化4年（1847）刊「浪華の日名美」（部分）（大阪城天守閣蔵）

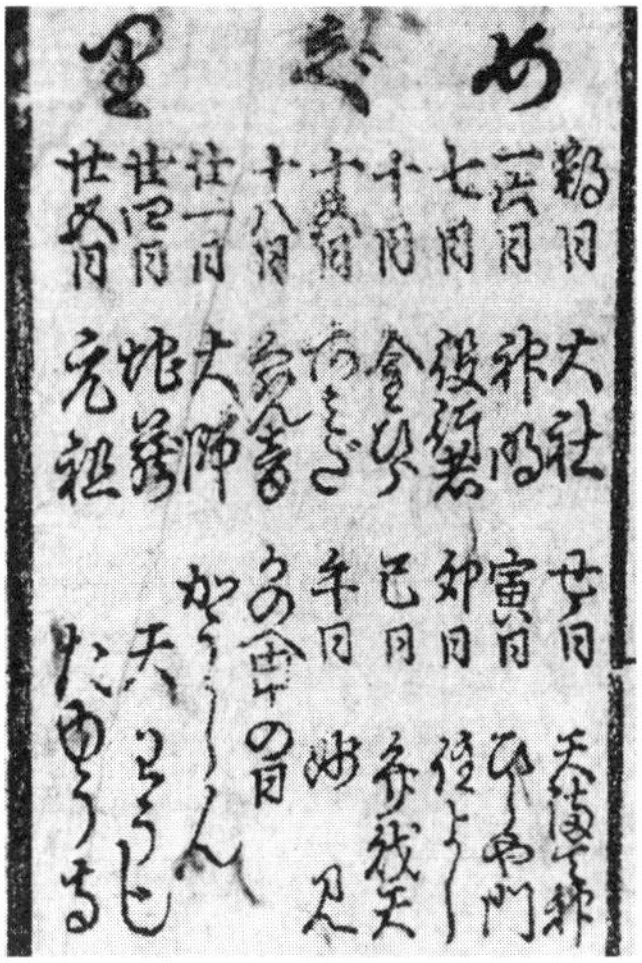

図32　文政12年（1829）刊「参詣見物遊山集」（部分）（大阪城天守閣蔵）

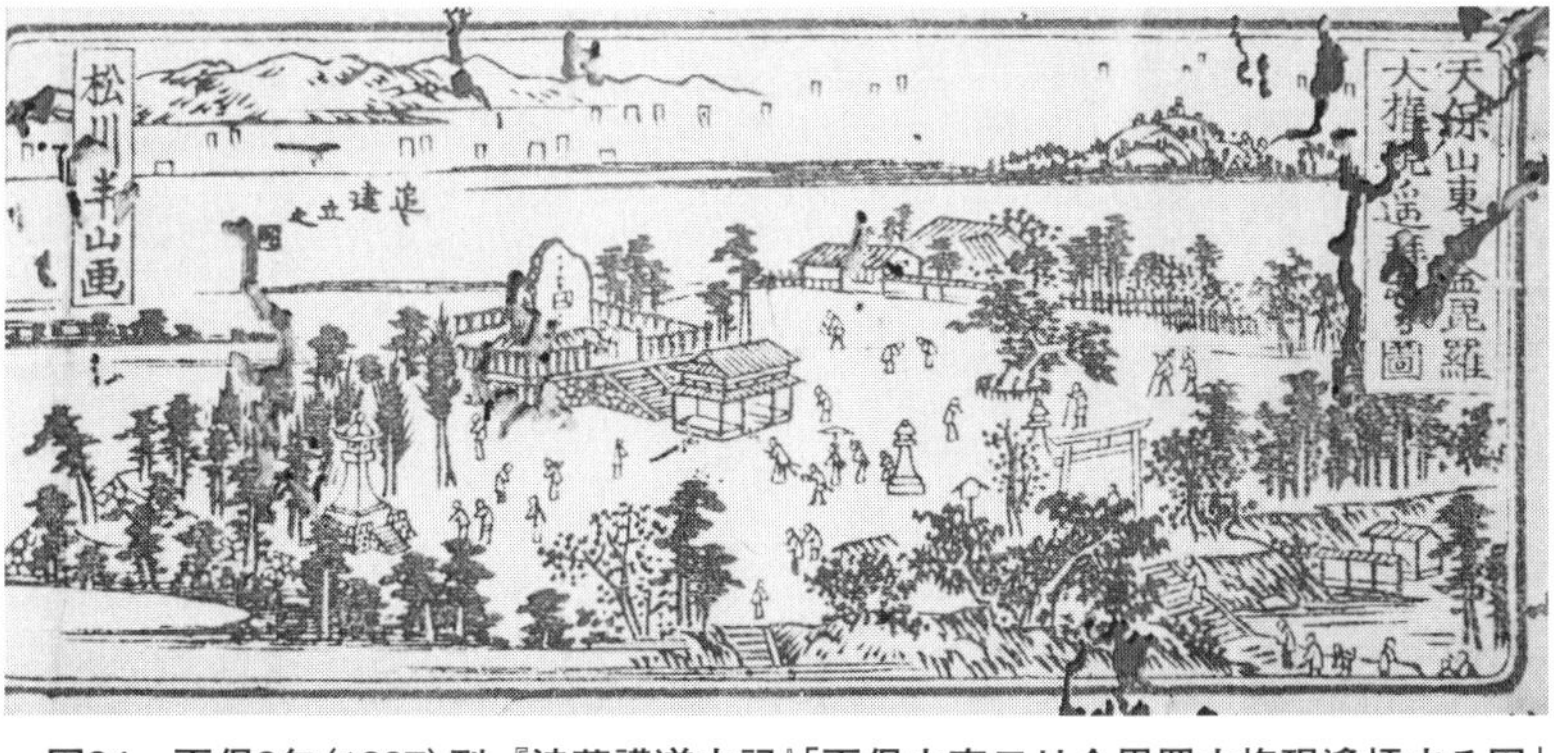

図34　天保8年（1837）刊『浪華講道中記』「天保山東ヨリ金毘羅大権現遙拝する図」松川半山画（大阪城天守閣蔵）

の巡礼は、「文政十二（一八二九）丑年改正大新版　参詣見物遊山集」の「めぐり」の欄（図32）に示されるように、いずれも毎月の縁日に巡礼が実施されるという〝都市巡礼〟とも総称すべき属性を有する。[82] 金毘羅巡りとて例外ではなく毎月十日に、図33に示したように「さぬき御やしき御宮」を一番とし、「生玉慈（持）明院」・「かうづ（高津）報恩院」・「千日法善寺」等一〇ヶ所の金毘羅を参拝する巡礼が行なわれた。

以上のような大坂市中における金毘羅信仰の流布は、当然のこととして讃岐の金毘羅本社に対する信仰的情熱も掻き立てたようで、天保八年（一八三七）刊の『浪華講道中記』の表紙裏には「天保山東ヨリ金毘羅大権現遙拝する図」が描かれており（図34）、「追々建立之図」とあるから、はるか四国を望む大坂港の突端・天保山に金毘羅遙拝所が建設される予定であったことが知られるのである。

五　大坂周辺地域に遺る金毘羅燈籠

前節では、大坂が、各地からの参詣者が金毘羅舟に乗って金毘羅に向け出発する拠点だっただけでなく、その市中でも金毘羅信仰が一般庶民に大変浸透していたということを確認した。

図35は、「諸方繁栄夜店賑」とのタイトルがつけられた幕末頃の一枚刷で、「諸方」に「なにはざいかた」のふりがながあるように、大坂市中とその周辺地域における祭礼の際の夜店の賑わいを相撲番付風に見立てたものである。まず大坂市中について記した右側では、上段に「金ぴら　法善寺」、二段目に「金ぴら　から堀」、三段目に「金ぴら　天満西寺町」「金ぴら　なんば新地」の名が記される。これに対する左側の大坂周辺地域では、やはり上段に「あま尼金ぴら」、三段目に「同（さかひ）金ぴら　天神前」があって、尼崎や堺でも金毘羅祭礼が大層な賑わいを見せてい

たことが知られる。このように金毘羅信仰は大都市大坂を中心にその周辺地域にもひろがっていたことがわかるのだが、そうした痕跡を今日まで伝えているのが金毘羅燈籠と呼ばれる常夜燈群である。表3は大阪府教育委員会による歴史の道調査で確認された大阪府下の金毘羅燈籠を年代順にならべてみたものである。勿論これらは大阪府下に存在する全ての金毘羅燈籠を網羅したものではなく、たまたま街道筋にたっていたものだけが調査の網に引っかかっただけであり、その点についても各街道を調査した担当者によって精粗の差が生じているはずである。したがって分布の濃淡などはこの表をもって論じるわけにはいかない。けれどもこれらをもって、大坂周辺地域で金毘羅燈籠が建立された時期等についてその大略をうかがうことは可能であろう。

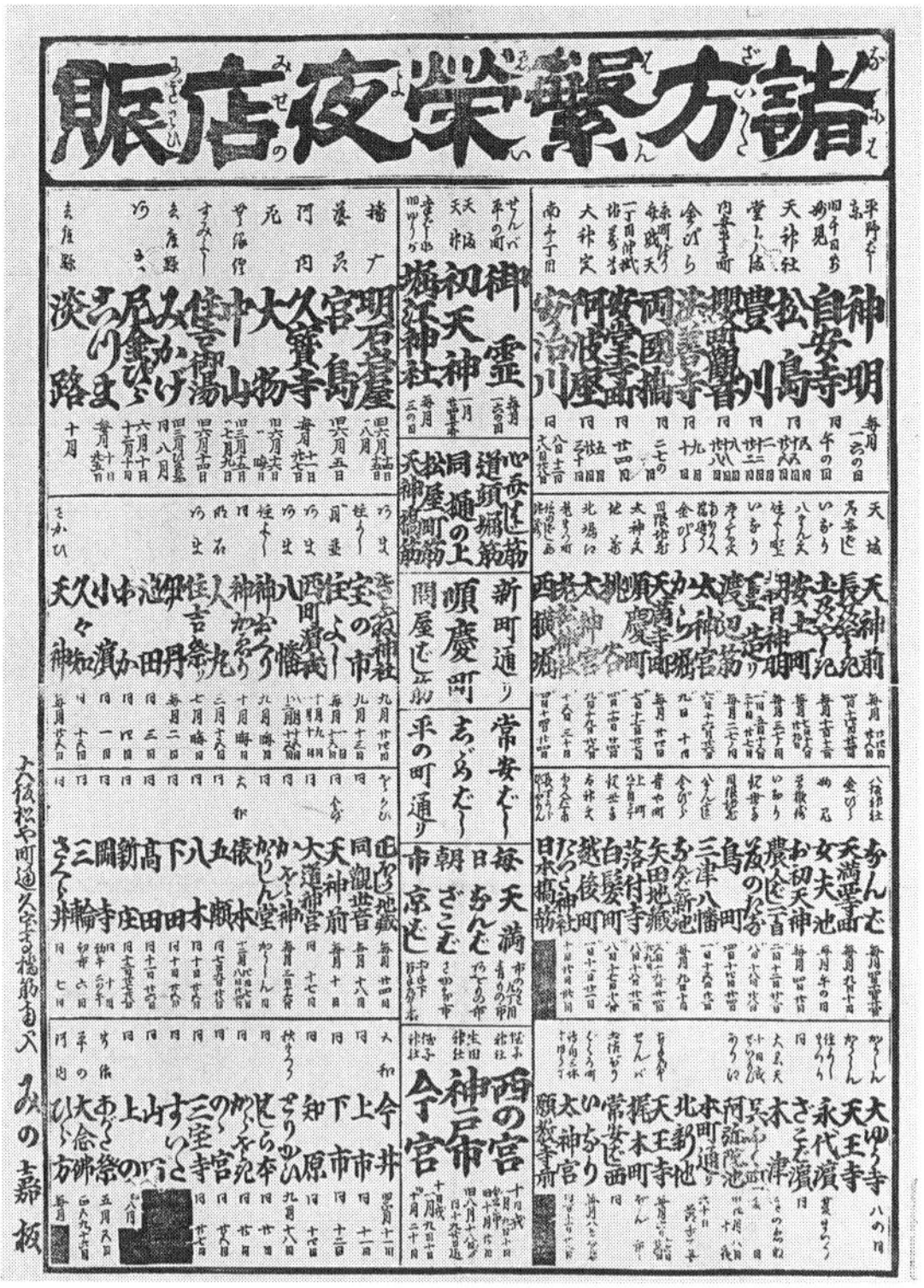

図35　「諸方繁栄夜店販」　みの嘉板（大阪城天守閣蔵）

　慶応年間以前に建てられた二四基について元号ごとにまとめた表4によれば、年代的には明和八年(一七七一)に建立されたのが抽んでて古い(図36)。寛政年間(一七八九~一八〇一)以降は、文政年間(一八一八~三〇)を頂点にほぼコンスタントに建立され続けたような印象をうけるが、これを五年単位で区切った表5で

〈表3〉 大阪府下金毘羅燈籠一覧（大阪府歴史の道調査における確認分）

No.	所在地	建立年月日	神号　その他	祈願文　その他	建立者・願主・世話人等	街道名
①	柏原市古町二丁目　大和川北堤	明和八年(左)卯〈一七七一〉十月吉日(右)	金比羅大権現(正) 金毘羅大権現(裏)	―	―	亀瀬越道 (東高野街道)
②	富田林市南甲田	寛政八辰年〈一七九六〉正月吉日(裏)	金毘羅大権現(正)	―	―	東高野街道
③	箕面市小野原西一丁目	寛政八丙辰〈一七九六〉九月吉日(左)	金毘羅大権現(右) 常夜燈(正)	―	小野原村	西国街道
④	八尾市植松町六丁目	寛政十一己未歳〈一七九九〉十月吉日(右)	金毘羅大権現・常夜燈(正)	―	世話人講中(正・基) 発起人絹屋左兵衛(左)	亀瀬越道
⑤	東大阪市善根寺四丁目	文化七年〈一八一〇〉□(左)	金毘羅大権現(正)	―	※左側基礎に人名列記	東高野街道
⑥	能勢町山田　山田川北岸	文化十癸酉年〈一八一三〉(右)三月吉日建之(左)	金毘羅大権現(正)	―	講中(正・基)　※地元各村・摂津川辺郡・丹波の村落が名を連ね、世話人・石工の名も列記される。	摺脛峠道
⑦	高槻市原	文化十(十四カ)丁丑年〈一八一七〉三月吉日(裏)	金毘羅大権現(正) 永代(右)　常夜燈(左)	―	―	横縦嶺道
⑧	忠岡町忠岡中一丁目	文政三庚辰年〈一八二〇〉(右)□月吉日(左)	金毘羅大権現(正)	村中安全(正・基)	―	紀州街道
⑨	八尾市太子堂六丁目　太川神社境内	文政五壬午〈一八二二〉三月吉日(右)	金毘羅大権現(右) 常夜燈(正)	―	※正面基礎に講中の人名列記	亀瀬越道

⑩	能勢町上山辺	文政九戌歳〈一八二六〉八月十五日(右)	金毘羅大権現(正)	—	当邑若中(左)　石工喜助(右)	摺脛峠道
⑪	能勢町柏原	文政九丙戌年〈一八二六〉九月十日(左)	金毘羅大権現(正)	—	若中(左)	亀山路
⑫	能勢町天王	文政十歳亥〈一八二七〉六月　日(右)	㊎(正)	—	若中(左)	摺脛峠道
⑬	四條畷市中野本町	文政拾一戊子年〈一八二八〉八月十日(右)	金毘羅大権現常夜燈(正)	—	—	清滝越道
⑭	能勢町宿野二区	文政十二丑〈一八二九〉三月吉日(裏)	象頭山(正)	—	若中(正・基)	亀山路
⑮	高槻市芥川四丁目　芥川堤防横	文政十一(十二カ)年己丑〈一八二九〉三月吉日(裏)	象頭山・金毘羅大権現常夜燈(正)	—	芥川駅世話人日出講中□(左)	西国街道
⑯	八尾市相生町三丁目　比枝神社境内	天保二辛夘〈一八三一〉四月　日(右)	金毘羅大権現(正)	—	—	亀瀬越道
⑰	八尾市恩智中町五丁目　シュミイ地蔵前	天保　八(六カ)乙未〈一八三五〉□(右)	金毘羅大権現・常夜燈(正)	—	※左側基礎に油屋□、米屋清□等の人名列記	東高野街道
⑱	八尾市服部川　服部川八幡宮境内	于時天保十五甲辰〈一八四四〉林鐘建之(右)	金毘羅大権現(右・基)　常夜燈(正)	—	発起人講中(左)	立石嶺道
⑲	東大阪市東豊浦町	弘化四丁未天〈一八四七〉十一月再立(右)	金毘羅大権現(正)	—	願主紺(屋カ)□清左衛門(左)	暗嶺道

⑳	富田林市常盤町	于時嘉永元歳次戊申〈一八四八〉十一月(左)	金毘羅大権現(右) 常夜燈(正)	――	※基礎に西口講中・広田忠兵衛講中・毛人谷持講中などの人名列記	東高野街道
㉑	枚方市船橋本町二丁目 二宮神社境内	嘉永第六歳癸丑〈一八五三〉九月吉日(裏)	金毘羅大権現(正)	村中安全(正・基) ※ただし隣の北辰大星尊のものとセット。	――	京街道
㉒	八尾市植松町七丁目	安政三丙辰年〈一八五六〉二月吉日(左)	象頭山常夜燈(正)	――	世話人講中(正・基)	亀瀬越道
㉓	寝屋川市堀溝二丁目	慶応二丙寅年〈一八六六〉九月(右)	金毘羅大権現(正)	村中安全(左)	以他力建之　願主三四郎(裏) ※二基対にたっている。	清滝越道
㉔	能勢町垂水　垂水神社境内	慶応三年卯〈一八六七〉二月(裏)	㊎(正)	――	村中(裏)	亀山路
㉕	八尾市東本町一丁目 稲荷社境内	明治二己巳年〈一八六九〉十月(左)	㊎常夜燈(正)	――	――	信貴越道
㉖	堺市野遠	明治三年〈一八七〇〉(裏)	奉献・琴平神社(正)	――	――	下高野街道
㉗	八尾市東久宝寺二丁目 八尾浜久宝寺船着場	明治十一歳〈一八七八〉十月建之(裏)	金刀比羅宮(正)	――	――	立石越道
㉘	八尾市跡部本町三丁目 地蔵堂前	明治第十二年己卯〈一八七九〉三月建之(右)	金刀比羅宮(正)	――	――	亀瀬越道
㉙	東大阪市若江本町四丁目	明治卅九年丙午〈一九〇六〉十一月建之(裏)	金毘羅宮(正)	――	見郷町内(正・基) ※その他正面基礎に発起人四人の名を列記	河内街道

㉚	豊能町吉川	—	㊎・秋葉山・愛宕山（正）	—	講中（正）	吉野嶺道
㉛	池田市古江　集落西南端	—	御神燈・金毘羅・愛宕山（正）	—	—	摺脛峠道
㉜	枚方市甲斐田町　甲鉾神社境内	—	金毘羅大権現（正）	村内安全（左）	—	荒坂越道
㉝	寝屋川市国守町	—	金毘羅大権現（正）	村内安全（正）	—	東高野街道
㉞	羽曳野市駒ヶ谷	—	金毘羅大権現（正）	村内安全（裏）	—	竹の内街道
㉟	千早赤坂村東阪下出	—	金毘羅大権現（左）　蔵王大権現（右）　天照皇太神宮（裏）　常夜燈（正）	—	—	千早嶺道
㊱	泉大津市助松町一丁目　助松神社境内	— ※神社説明板には享保四年〈一七一九〉八月建立とあり。	？	—	—	紀州街道

見てみると、寛政期の一七九六～一八〇〇年の五年間が最初のピークだったようで、一旦低調になり、文政期の一八二六～一八三〇年に最盛期を迎えた様子が明らかとなる。以降は少し鎮静化したまま同じようなペースで建立されて明治に至ったようである。湯浅照弘氏による岡山県下高梁川流域の金毘羅燈籠の調査結果によれば(83)、同地域でも明和五年（一七六八）建立のものが突出し、寛政年間に再び建てられるようになり、文化・文政期にピークを迎えるというほぼ大阪府下と同様の傾向を示すようである。したがって、小野寺淳氏が指摘された(84)、東国の旅行者達の間で金毘羅参詣が流行しはじめる一八〇〇年前後は、同時に大阪府下や岡山県の高梁川流域でも金毘羅信仰が普及し金毘羅燈籠

図36　柏原市古町2丁目　大和川北堤にたつ明和8年（1771）10月吉日銘の金毘羅燈籠

〈表4〉

元　　号	基　数
明　和（1764～72）	1
寛　政（1789～1801）	3
文　化（1804～18）	3
文　政（1818～30）	8
天　保（1830～44）	3
弘　化（1844～48）	1
嘉　永（1848～54）	2
安　政（1854～60）	1
慶　応（1865～68）	2

〈表5〉

時　　期	基　数
1771～75	1
1796～1800	3
1801～05	0
1806～10	1
1811～15	1
1816～20	2
1821～25	1
1826～30	6
1831～35	2
1836～40	0
1841～45	1
1846～50	2
1851～55	1
1856～60	1
1861～65	0
1866～67	2

〈表6〉

月	基　数
1月	1
2月	2
3月	6
4月	1
5月	0
6月	2
7月	0
8月	2
9月	4
10月	4
11月	3
12月	0

が建て始められる時期であったことが知られるのである。

次に表6は、建立された月別に金毘羅燈籠の基数をまとめてみたものであるが、これによれば三月が最も多く、九月・十月がこれにつぐ。先の湯浅氏の調査によれば[85]、高梁川流域では同じく三月に建てられたものが最も多いが、六月がこれと同数で、十月がこれにつぐといった結果となっている。三月・六月・十月が金毘羅で会式[86]（祭礼）の行なわれる月であることよりすれば、高梁川流域での調査結果はこれにほぼ合致するが、大阪府下の場合、六月建立の事例が少ないのと、九月の事例が多いのが注目される。

けれども表3で金毘羅燈籠建立の日について見てみると、その多くは「吉日」といった表現をとるのみであるが、具体的な日を記した三例中二例までが金毘羅の縁日「十日」を記すことからすると、仏像・仏画の造像・造画がしばしば縁日に行われたのと同様、これら金毘羅燈籠を建立するという行為が、実際には金毘羅大権現の分霊を勧請する行為であったことをうかがわせるのである。(87)

さて、続いて金毘羅燈籠に記された祈願文について見てみると、それを記す全てが「村中安全」「村内安全」で具体的な祈願内容をこれらから知ることはできない。この点については、讃岐の金毘羅境内の燈籠群調査においても同様のことが既に指摘されている。(88)

また、金毘羅燈籠の建立者については⑲のように一人の個人名が願主として記される例もあるが、「村中」「若中」といったように村落全体もしくは村落内の組織で建立されたと考えられるケースが圧倒的に多い。そしてそれら組織によって建立された金毘羅燈籠には「講中」の記載があるものもしばしば見られるから、かつて大阪府下に多くの金毘羅講が存在していたことを予想させるのである。(89)

筆者は、表3で金毘羅燈籠が最も濃密に確認された八尾市内分について、実際に歩き簡単な聞きとり調査も行なったが、⑯についてかすかに金毘羅講が存在したらしいとの記憶が認められただけで、他のものについては一切金毘羅講の存在を確認することができなかった。ただ㉒(図37)については山野としえ氏が、大正末頃迄地元の人々によって献燈が続けられてきたことを報告しておられる。(90)

ところで八尾市内の金毘羅燈籠の内表3の㉕については、金毘羅燈籠自体を祭祀するための設備が見られたことは注目に値する(図38)。既に述べたように金毘羅燈籠の建立は、金毘羅大権現の分霊勧請を意味したと考えられるのであり、燈籠の形態をとるとはいえ、そこには金毘羅大権現の分霊が鎮まっておられるとの意識があったのである。

図38　㊎のマークとともに久宝寺屋・本庄屋・木綿屋・市原屋などの名が記された祭祀設備の伴う金毘羅燈籠（八尾市東本町1丁目。奥に「常」の字の見えるのが金毘羅燈籠）

図37　八尾市植松町7丁目の安政3年(1856)2月吉日銘の金毘羅燈籠(左)　右は伊勢燈籠

図39　祭壇の設けられた金毘羅燈籠（羽曳野市駒ヶ谷、1987年10月9日）

このことは羽曳野市駒ヶ谷の表3㉞の事例で一層明らかとなる。飛鳥川にかかる月読橋のたもとにたつ本燈籠は建立年次についての記載はないが江戸時代に遡るものと考えられており、讃岐の金毘羅で大会式の行なわれる十月十日の前日、毎年十月九日に今日でも地元民によって祭祀が実施される。当日朝、燈籠前には祭壇が設けられ、そこに神酒、三方にのせた重ね餅、山の幸としての椎茸・松茸や、りんご・なし・みかん等の果物、野の幸としての大根・にんじん、海の幸としての昆布・魚などが供えられる（図39）。そして特に神官を迎えることもなく、村落民の代表を中心に自主的に祭祀が執り行なわれ、村中安全が祈願される。午後には祭壇がとり払われ、村落民が一堂に会して供物の酒肴で宴を張り、互いに親睦を深める。かつては、この祭祀に前後して村落民有志が讃岐まで金毘羅詣に出かけたらしいが、いまではそうしたことは行なっていないという[91]。

地元では、こうした金毘羅燈籠への祭祀を行なうことで、水難守護としての金毘羅さんのご利益をうけ、飛鳥川の洪水から村が守られると伝え、また竹の内街道往来の安全も保障されるとして信仰されているが[92]、このような羽曳野市駒ヶ谷の事例は、かつて大阪府下の他の金毘羅燈籠とともに存在したであろう金毘羅講のあり方やその祭祀形態・信仰内容を考える上で大変貴重な民俗資料と評価し得るといえよう。

おわりに

以上、近世初頭には讃岐という一地方の名社に過ぎなかった金毘羅が、近世後期には伊勢神宮と肩を並べ全国各地から参詣者が集うほどその信仰が普及するに至った様子を大坂に視点を据えて跡づけ、併せて大坂市中及び周辺地域における金毘羅信仰の受容についても概観してみた。

近藤喜博氏は、中世以前の特に顕著な由緒をもたないにもかかわらず近世に入って突如庶民の信仰を集めた例として、金毘羅以外に下総の成田山新勝寺と大和の生駒山宝山寺をあげられた(93)。けれどもこれらと金毘羅との決定的な違いは、成田山が江戸(94)、生駒山が大坂(95)をそれぞれ直接の信仰的後背地として発展を遂げたことであった。それが故に成田山も生駒山もともにその信仰が全国的に普及することなく地方的霊場に留ったのであるが、これに対し金毘羅の場合、江戸・大坂といった大都市がその近傍に存在しなかったがために、積極的にその信仰の流布を推進し、その結果全国区の有名霊場となるに至ったのではないかと考えられる。その過程で、高松藩・丸亀藩等の江戸・大坂屋敷に祀られた金毘羅祠とともに大坂の舟宿が大きな役割を担ったのは既に見た通りである。

〔付記〕　本稿を成すにあたり、多くの機関・方々に資料閲覧の便宜をはかって頂き、貴重な助言を得た。記してここに謝意を表する次第である。

大阪城天守閣・大阪市立博物館・大阪府立中之島図書館・金刀比羅宮・金刀比羅宮図書館・島根県立博物館・天理大学附属天理参考館

石川知彦（大阪市立美術館）・位野木峯夫（こんぴら門前町を守る会）・上野利夫（天理大学附属天理参考館）・大澤研一（大阪市立博物館）・小谷利明（八尾市立歴史民俗資料館）・田中智彦（大阪女子短期大学）・中谷哲二（天理大学附属天理参考館）・幡鎌真理（天理大学附属天理参考館）・松浦清（大阪市立博物館）・松原秀明（金刀比羅宮図書館）・的野克之（島根県立博物館）

〔註〕

（1）小山松勝一郎編訳『西遊草　清河八郎旅中記』（東洋文庫一四〇）

（2）新城常三『新編　社寺参詣の社会経済史的研究』第七章第四節「金毘羅詣」（民衆宗教史叢書一九『金毘羅信仰』にも収録）

（3）村上重良編『日本宗教事典』

（4）松原秀明「天正前後の象頭山―松尾寺から金毘羅金光院へ―」（前掲『金毘羅信仰』所収）

（5）琴陵光重『金刀比羅宮』第五章「ふたかたの御祭神」

（6）松原秀明「天正前後の象頭山」（前掲）

（7）松原秀明「天正前後の象頭山」（前掲）

（8）「金毘羅山名所図会」（『香川叢書』第三）

（9）「金毘羅山名所図会」（前掲）に、「観音堂　本尊正観世音菩薩。弘法大師作。」とある。

（10）松原秀明「天正前後の象頭山」（前掲）

（11）「塩尻」七（『日本随筆大成』第三期第九巻）

（12）松原秀明「金毘羅信仰と修験道」（山岳宗教史研究叢書一二『大山・石鎚と西国修験道』・前掲『金毘羅信仰』所収）

（13）近藤喜博『金毘羅信仰研究』第八章「大前参詣」。なお、金毘羅大権現像については、拙稿「岡山市・西大寺鎮守堂安置　金毘羅大権現像の履歴」（『ことひら』五五、本書第四部第九章）で詳しく検討しているので、参照されたい。

（14）「神変大菩薩供養法」（『日本大蔵経一七　宗典部　修験道章疏一』）。なお、本史料については大阪市立美術館石川知彦氏よりご教示を得た。

（15）『金刀比羅宮史料』第四二巻所収。本文書で法善寺は、「役行者と不動明王を古来より金毘羅と申伝」といかにもその由緒が古いかのように述べているが、「摂陽奇観」七（『浪速叢書』二）では、法善寺の金毘羅について「金毘羅大権現は近世の勧請なれ共諸人信心して詣人平日に絶ず」とその勧請が近年であったことを明らかにしている。年号を欠く本文書は、この最初の金毘羅堂建立時のものとも思われるが、「摂陽奇観」五二・五六（『浪速叢書』六）によれば、法善寺の金毘羅は文政十年（一八二七）火災で焼失し、天保二年（一八三一）に再建なって正遷宮が行なわれているので、この間のものである可能性もある。

（16）修験道の開祖役小角は、その一千百年忌にあたる寛政十一年（一七九九）三月七日に神変大菩薩の諡名を受けた。

（17）松原秀明「金毘羅信仰と修験道」（前掲）

（18）「古老伝旧記」（『新編　香川叢書』史料篇一）

（19）「金毘羅山名所図会」（前掲）に、「神道者流」として、金毘羅大権現を「三輪明神・清瀧権現・新羅明神の三神合せ祭」ったものとの解釈が記されている。

（20）石川知彦氏によれば、役行者像は新羅明神像をモデルとして成立した可能性が高いとのことである。なお、新羅明神を勧請した智証大師円珍は、金毘羅にほど近い金倉寺で生まれたと伝えられ、現在も同所に新羅明神が祀られている。これよりして、金毘羅周辺で実際に新羅明神に対する信仰が根づいていたということも考慮しておく必要がある。
武田明氏は、金毘羅境内の三十番神社はもともと象頭山に鎮座していた神であったが、金毘羅大権現がやってきてこの地を十年間程貸して欲しいと願い出、三十番神が承知すると、金毘羅大権現は三十番神が横を向いている間に、十の字の上に点を書いて千の字にしてしまい、その結果千年もの間の借用が可能になったとの伝承を紹介しておられる（「金毘羅信仰と民俗」〈前掲『大山・石鎚と西国修験道』『金毘羅信仰』所収〉）。また松原秀明氏は、金毘羅別当金光院が山内支配の体制を固めていく過程で最後まで抵抗したのは三十番神社で、寛文十年（一六七〇）その社人が打首となるに及んでようやく金光院の勢力下に組み込まれることになったと論じておられる（「〈解説〉『金毘羅参詣名所図会』」〈『日本名所風俗図会一四　四国の巻』所収〉）。この三十番神は、比叡山良正が如法経の守護神として日本全国の諸神を勧請したもので、天台・日蓮の両宗で尊崇された。

金毘羅は近世、「封内の名山、真言之霊場也」（「金毘羅山名所図会」〈前掲〉）と記されるように真言宗に属したが、金毘羅神といい、三十番神といい、かつては天台系ではなかったかと思わせるほど天台色が濃厚に見られる点は注意しておいてよい。

(21) 例えば、「讃岐府志」（『香川叢書』二）に、「或曰ク役ノ小角初メテ開二此ノ山ヲ一矣」とある。

(22) 松原秀明「金毘羅信仰と修験道」（前掲）

(23) 琴陵光重『金刀比羅宮』第五章「ふたかたの御祭神」

(24) この天狗面を背負った金毘羅道者の存在が、より一層金毘羅＝天狗のイメージの定着を促した可能性が高い。

(25) 武田明「金毘羅信仰と民俗」（前掲）

(26) 小島瓔礼「金毘羅信仰」（前掲『金毘羅信仰』所収）

(27) 箸墓伝承（『日本書紀』崇神天皇十年九月条）で知られるように大物主もまた蛇体の神であった。この点で金毘羅と大物主のイメージも重なりあう。

(28) 武田明「金毘羅信仰と民俗」（前掲）

(29) 近藤喜博『金毘羅信仰研究』第八章「大前参詣」。金毘羅の前身を雲気神社に求める見解は、はやく宝暦七年（一七五七）中山吉益の『讃陽綱目』に見える。

(30) 松原秀明「こんぴら絵図について」(リッカー美術館『こんぴら絵図展』図録所載)
(31)「四国偏礼霊場記」(近藤喜博編『四国霊場記集』)
(32) 新城常三『新稿　社寺参詣の社会経済史的研究』第八章第三節「地方霊場の発達」
(33) 小野寺淳「旅のモデルルート─道中日記から─」(『週刊朝日百科　日本の歴史』七五)・同「道中日記にみる伊勢参宮ルートの変遷─関東地方からの場合─」(『人文地理学研究』XIV)
(34) 小野寺淳「旅のモデルルート」・同「道中日記にみる伊勢参宮ルートの変遷」(いずれも前掲)
(35) 田中智彦「愛宕越えと東国の巡礼者─西国巡礼路の復元─」(『人文地理』(三九─六)、同「石山より逆打ちと東国の巡礼者─西国巡礼路の復元─」(『神戸大学文学部紀要』一五)、同「大坂廻りと東国の巡礼者─西国巡礼路の復元─」(『歴史地理学』一四二)、戸田芳実・田中智彦「西国巡礼の歴史と信仰」(大阪市立美術館『西国三十三所観音霊場の美術』図録所載)、田中智彦「西国巡礼の一〇〇〇年」(井上隆雄・田中智彦共著『西国三十三ヵ所巡礼』所収)。なお、最後の「西国巡礼の一〇〇〇年」を除く四つの論文は、いずれも田中智彦『聖地を巡る人と道』に収められている。
(36) 小野寺淳「旅のモデルルート」・同「道中日記にみる伊勢参宮ルートの変遷」(いずれも前掲)
(37) 前田卓『巡礼の社会学』第二章「西国巡礼と四国遍路の数とその変遷」
(38) 五来重『善光寺まいり』、拙稿「方広寺大仏殿に祀られた善光寺如来」(『観光の大阪』四五八・四五九)
(39) 拙稿「西国巡礼─その歴史と信仰─」(愛媛大学『巡礼と救済─四国遍路と世界の巡礼─』公開シンポジウム・研究集会プロシーディングズ)、同「西国巡礼と四天王寺の信仰」(『四天王寺』七二八)
(40) 田中智彦「葛井寺への道」(大阪府教育委員会『歴史の道調査報告書　第七集　宗教の路・舟の路』、のち同著『聖地を巡る人と道』所収)の図1参照

(41) 本稿で使用する道中記の多くは、大阪女子短期大学の田中智彦氏より提供を受けたものである。
(42) ⑨の「つかや」は「つりや」、⑮の「やりや伴七郎」は「つりや伊七郎」の誤記誤読である可能性がある。
(43) 宮家準「五流修験の成立と展開」(前掲『大山・石鎚と西国修験道』所収)
(44) 松原秀明「金毘羅信仰と修験道」(前掲)
(45) 前節で扱った西国巡礼者の金毘羅参詣が、小野寺氏のいう「伊勢＋西国巡礼ルート」の普及型にあたり、本節で扱う西国巡礼を伴わない金毘羅参詣が「伊勢参宮モデルルート」の普及型・拡張型にあたる。
(46) この紀州加太から阿州撫養に至る金毘羅参詣ルートについては、拙稿「河内国三日市宿と金毘羅参詣者」(『ことひら』五二、本書第三部第六章)、同「金毘羅参詣、紀州加太〜阿州撫養ルートに関する史料」(『ことひら』五三、本書第三部第七章)で詳しく検討しているので、参照されたい。
(47) 不明三例中②・⑩の二例は田ノ口へ上陸していることから、おそらく瑜伽山に参拝したと考えて誤りないと思う。
(48) 位野木寿一「金毘羅燈籠の交通地理的意義」(前掲『金毘羅信仰』所収)
(49) 「象頭山行程修造之記」(近藤喜博『金毘羅信仰研究』第六章「金ぴらミチ」に関連部分掲載)
(50) 吉岡和喜治「画家大原東野と金毘羅宮」(『ことひら』二六)
(51) 本稿における〝太助燈籠〟建設に関する記述は、嶺錬二郎「丸亀天保の築港と所謂太助燈籠」(『讃岐史談』二―二)、位野木寿一「江戸講中灯籠(太助灯籠)と金毘羅信仰」(『ことひら』三一・三二)に拠った。
(52) 吉岡和喜治「画家大原東野と金毘羅宮」(前掲)
(53) 晩鐘成「金毘羅参詣名所図会」(『日本名所風俗図会一四　四国の巻』)
(54) 十返舎一九「金毘羅参詣続膝栗毛」(『帝国文庫九　東海道中・岐蘇道中・奥羽道中膝栗毛　全』)

（55）十返舎一九「金毘羅参詣続膝栗毛」は、表2の①「筑紫紀行」（『日本庶民生活史料集成』二〇）をもとに執筆されたらしい（守屋毅「金毘羅信仰と金毘羅参詣をめぐる覚書―民間信仰と庶民の旅を考えるために―」〈前掲『金毘羅信仰』所収〉・同「金毘羅参詣」〈『江戸時代図誌一　南海道』所収〉）。

（56）小野寺淳「旅のモデルルート」・同「道中日記にみる伊勢参宮ルートの変遷」（いずれも前掲）

（57）『金毘羅宮史料』第三二巻所収

（58）「金毘羅山名所図会」（前掲）

（59）松原秀明「金毘羅への道」（『金毘羅庶民信仰資料集』一所収）

（60）松原秀明「こんぴら絵図について」（前掲）

（61）「金毘羅参詣続膝栗毛」（前掲）

（62）松原秀明氏は、金毘羅境内への石燈籠献納の取次としての多田屋の名が、文政十年（一八二七）を最後に見えなくなると述べておられる（「金毘羅への道」〈前掲〉）。

（63）町田嘉章・浅野建二編『日本民謡集』

（64）松原秀明「〈解説〉『金毘羅参詣名所図会』」（前掲）

（65）『香川県神社誌』上

（66）吉岡和喜治「今は昔　金毘羅宮丸亀祈禱所」（『ことひら』一八）

（67）「摂津名所図会大成」八（『浪速叢書』八）

（68）例えば筑後柳川藩主立花家の下屋敷に祀られていた太郎稲荷（宮田登「流行神の諸相」〈同著『江戸の小さな神々』所収〉）。

(69)　宮田登「金毘羅と富士信仰―江戸の民間信仰―」(前掲『金毘羅信仰』所収)
(70)　宮田登「金毘羅と富士信仰」(前掲)
(71)　ただし、上部に記された年中行事の一つが下部に描かれているのではなく、上部の記述と下部の錦絵とは往々にして食い違う。
(72)　後述のように弘化四年(一八四七)刊「浪華の日名美」と照合した結果、「十五」は「十九」の誤記であることが判明した。
(73)　『花暦浪花自慢』の作者含粋亭芳豊(?～慶応二年〈一八六六〉)の作画期は安政元～五年(一八五四～五八)頃とされる(『原色　浮世絵大百科事典二　浮世絵師』)ので、『花暦浪花自慢』は「浪華の日名美」の錦絵シリーズ化と考えられる。
(74)　「摂津名所図会大成」十(『浪速叢書』八)
(75)　「浪華百事談」(『日本随筆大成』第三期第二巻)
(76)　松原秀明「日本一社と幕府祈願所」(『ことひら』四五)
(77)　「金毘羅一山規則書」(『香川県史』十　資料編　近世史料Ⅱ)
(78)　「金毘羅一山規則書」(前掲)
(79)　生玉持明院の金毘羅の場合、先の「浪華百事談」の記述や「摂津名所図会大成」四(『浪速叢書』七)の「当神像ハ京洛御室仁和寺宮より御寄附にして当寺の鎮守とす」という記載から知られるように、その金毘羅像が御室御所仁和寺門跡下賜という由緒を持つため、金光院としてもこれを没収するという強硬手段にはでれなかったのかもしれない。
(80)　新城常三『新稿　社寺参詣の社会経済史的研究』第八章第三節「地方霊場の発達―新西国と新四国―」、田中智彦「近畿地方における地域的巡礼地」(『神戸大学史学年報』創刊号、のち同著『聖地を巡る人と道』所収)

(81) 魚谷義信『大和の国新四国八十八ヶ所巡拝案内　へんろ道』
(82) 拙稿「『縁日』から見た近世都市大坂」(『大阪人』五四―八)
(83) 湯浅照弘「河川水運と金毘羅常夜灯―岡山県高梁川流域の金毘羅常夜灯の分布―」(『日本民俗学』七九)
(84) 小野寺淳「旅のモデルルート」・同「道中日記にみる伊勢参宮ルートの変遷」(いずれも前掲)
(85) 湯浅照弘「河川水運と金毘羅常夜灯」(前掲)
(86) これらの内十月の祭礼は、先にも記したように最大規模のもので特に「大会式」と称されて他と区別される。
(87) 内田啓一「西大寺叡尊及び西大寺流の文殊信仰とその造像」(『美術史研究』二六)
(88) 印南敏秀「〈解説〉境内の燈籠」(『金毘羅庶民信仰資料集』三所収)
(89) 表3であげた金毘羅燈籠のうち⑥は、「講中」とし地元各村の他、摂津川辺郡や丹波の村落名が記されており、非常に広域な組織によって建立された特異なケースとして注目される。
また、表3の⑮も、「従是道法六十三里半」の記載があって、芥川駅からはるか讃岐の金毘羅までの距離を記した道標を兼ねた珍しい金毘羅燈籠である。本燈籠について考察された位野木寿一氏は、本燈籠の示す道程が『浪花講定宿帳』に示される、芥川より西宮へ出、兵庫・明石・姫路・岡山を経て下津井に至り、そこから丸亀へ海を渡り金毘羅へ向かうコースと里程が合致することを証明されている(「西国街道芥川宿〈大阪府高槻市〉の金毘羅燈籠」〈『ことひら』二八〉)。
(90) 山野としえ「植松風土記(五)　こんぺら～ん」(『河内どんこう』八)
(91) 位野木寿一「竹ノ内街道月読橋(大阪府羽曳野市)の金毘羅燈籠」(『ことひら』三三)・同「金毘羅燈籠祭」(『ことひら』三四)

（92）位野木寿一「竹ノ内街道月読橋（大阪府羽曳野市）の金毘羅燈籠」・同「金毘羅燈籠祭」（いずれも前掲）

（93）近藤喜博『金毘羅信仰研究』序

（94）新城常三『新稿　社寺参詣の社会経済史的研究』第七章第六節「地方詣」

（95）宗教社会学の会編『生駒の神々—現代都市の民俗宗教—』

第二部　各地の金毘羅

第二章　近世奈良の金毘羅信仰と十念寺

一　ＪＲ奈良駅前の金毘羅燈籠

東大寺・興福寺・春日大社……名にし負う古寺名社がひしめく奈良。和銅三年（七一〇）の平城遷都以来千三百年に及ぶ、気の遠くなるような時の流れを経て古都はわれわれを魅了する。そんな古都奈良の表玄関、ＪＲ奈良駅前の旧国道二十四号に面したところに大きな常夜燈が二基立っている。ＪＲ奈良駅から眺めて右側が、「文久三癸亥歳（一八六三）十一月大吉祥日」（竿裏面）に「天下泰平五穀成就」（基壇四段目正面）・「寄進志主之面々家門永昌子孫長久」（竿裏面）を願って建てられた「天照皇太神」（竿正面）・「春日大明神」（同右面）・「八幡大菩薩」の（同左面）常夜燈で、「発起世話人」（基壇四段目正面）として、「大西助治良・福村庄治良」以下九人の名前（同前）と「徳融[1]寺現主忍道・産物仲間・寺社案内[2]中・弥勒堂町中・三条西町」（同左面）が列記され、さらには寄進者名多数が併せ記されている。

この常夜燈に向かいあって立つのが、「文化十一甲戌仟（年）（一八一四）中冬」（竿右面）に「藤栄講」（同左面）によって建立されたものを、「安政二乙卯年（一八五五）五月吉祥日」（基壇四段目正面）に再建した「金毘羅大権現」（中台正面）常夜燈で、「再建改世話人」（基壇四段目正面）として「墨屋治郎兵衛・金子屋佐兵衛」他三人が名を列ねている（同前）。「墨屋治郎兵衛」は、「金子屋佐兵衛」とともに、本常夜燈「再建施主」（同三段目正面）として、また先の「天照皇太神」他常夜燈の「発起世話人」の中にもその名が見出されるが、彼はまた本常夜燈再建の原動力となった「月参加入中」（同四段目左面）の「講元」（同前）をも務めた人物であったことが、この常夜燈銘文より知られるのである。

二　金毘羅信仰と奈良

古都奈良と近世の代表的庶民信仰金毘羅信仰との間には、イメージ的に大きなギャップを感じる向きもあろうかと思う。しかし文政二年（一八一九）六月頃よりスタートした、丸亀と金毘羅とを結ぶ最も主要な金毘羅参詣道・丸亀街道の修復工事を企画したのが、奈良・大仏前の宿屋小刀屋伊兵衛の長男で大坂に出て絵師として活躍した大原東埜であり、彼の計画に賛同して地元讃岐や大坂とともに奈良からも多くの人々が浄財を寄進していたという、金毘羅と奈良との深い因縁に思いを馳せる時、筆者には奈良の表玄関に立つあの金毘羅燈籠がいかにも象徴的に思われてならないのである。

ところで、いかに大原東埜が奈良出身の有名な画家であろうと、仮に奈良に金毘羅信仰が根づいていなかったとしたら、わざわざ遙か遠方の丸亀街道修復工事に多くの奈良の人達がその費用を寄付するとは考え難い。その点で先のJR奈良駅前の金毘羅燈籠が、既に文化十一年（一八一四）の段階で「藤栄講」なる金毘羅講によって建立されていること、またそれを安政二年（一八五五）に再建した組織が「墨屋治郎兵衛」を講元とする「月参加入中」であったことは、奈良市中における広汎な金毘羅信仰の普及・定着を明瞭に示しているといえよう。

近世大坂では、生玉・持明院、高津・報恩院、法善寺の金毘羅祠がそれぞれ上・中・下の金毘羅と称せられて(3)、縁日のみにしか開放されない丸亀藩・高松藩などの大名蔵屋敷に祀られた金毘羅祠では満たされない一般庶民の日常的な信仰的欲求を充足させていたが(4)、では奈良市中の場合そうした金毘羅信仰の核は一体何処にあったのだろうか。筆者はそれが、奈良市南風呂町にある忍性山愛染院金毘羅十念寺ではなかったかと推測している。同市椿井町には、大原東埜が企画した丸亀街道修復工事に、三〇〇工分という大口の寄付をした「御墨司(5)」松井古梅園(6)が、大層立派な構えを見せる。十念寺はそこから程近い。以下この十念寺について少しく記してみたい。

三　十念寺の金毘羅信仰遺物

十念寺は現在浄土宗西山深草派に属するが、かつては真言律宗に属し、正応年間(一二八八〜九三)に山号にその名を遺す名僧忍性(一二一七〜一三〇三)の開基した愛染院が前身であったと伝えており、境内には忍性の供養塔との伝承がある鎌倉時代の五輪塔が存在する(7)。

こんにち同寺を訪れるとまず山門両脇に建てられた二基の金毘羅燈籠が目に入る。向かって左のものには、「金毘羅大権現」(竿正面)・「常夜燈」(同右面)・「文政十二己丑年(一八二九)六月十日建」(同左面)・「忍性山十八世達空上人代」(同裏面)と記され、「世話人」(基礎正面)として「八百屋平六」以下四人の名前(同前)と、寄進者名が刻まれている。

向かって右の他の一基には、「金毘羅大権現」(竿正面)・「常夜燈」(同左面)・「文政十三庚寅年(一八三〇)正月吉日田中家」(同右面)・「忍性山十八世達空上人代建之」(同裏面)と記され、先の常夜燈の翌年に建立されたものであることが知られる。十念寺が十八世達空上人の代にあった文政十二、三年頃に同寺の金毘羅信仰が一つのピークを迎えたのであろうか。また、この常夜燈については、寄進者名に「鈴木昇左衛門・松田七九郎・堀川勇助・西山文左衛門・

若栗兵庫」(基壇三段目正面)といった武士と覚しき人物名が町人とは別格扱いで記されていることにも、注意しておく必要があろう。

この常夜燈のさらに右には、上部が山形になった石柱一基が立っており、これにも「金毘羅大権現」(正面)・「為安全」(左面)・「天保十己亥年(一八三九)九月吉日」(右面)の銘文が見える。

さて山門を入ると左脇にまた一基の金毘羅燈籠がある。竿正面に「金毘羅大権現」とあって、同右面には「安永三甲午年(一七七四)正月吉日」とその建立年月が記されているが、この安永三年という年紀は、大阪府の歴史の道調査で確認された府下の金毘羅燈籠の内、時期的に最も遡るものが柏原市古町二丁目の明和八年(一七七一)のもので、他のものより抽んでて古かったことから考えると、その古さには特筆すべきものがあると言っても過言ではない。加えてこの金毘羅燈籠で興味深いのは竿左面に「柳生朶払所」という銘が刻まれている点である。柳生家と十念寺とがどのような関係にあったのか、寡聞にして筆者は知らないが、山門前右の金毘羅燈籠寄進者名に武士の名が見られたこともあるいはこれと関係があるのかもしれない。(8)

いよいよ金毘羅堂であるが、山門を入ると真正面にあるのが愛染堂、その左に愛染堂とは直角の位置にたつのが本堂で、金毘羅堂はこの愛染堂と本堂との間に挟まれた愛染堂西廂に位置している。愛染堂と金毘羅堂前には、現在も存続している金毘羅会の寄進になる「金毘羅大権現　出世愛染明王」と大書された提灯が吊され、天狗面のつけられた大絵馬も懸けられるなど、十念寺においては本堂の影が至って薄い。

金毘羅堂正面には㊎マークと天狗面の描かれた石製の線香立が設けられ、堂の両脇には「奉納金毘羅大権現」と刻まれた二個の青銅製御鬮《みくじ》容器があって、右のものには「安政四丁巳年(一八五七)三月十日」の銘が見られる。

堂内に入ると、現在四つの天狗面が懸けられているが、右端の一つだけが古く、他の三面は最近になって懸けられたものとのことである。また「金毘羅大権現　御鬮」・「金比羅大権現　御鬮」と記された木製の御鬮箱が二つ、金毘羅大権現を祀る小祠の前に置かれていた。

小祠の中に祀られた金毘羅大権現は像高二二・七センチの木像（写真）[9]で、野口一雄氏が調査・報告された山形県内のいくつかの金毘羅大権現像[10]と同様、烏天狗の面相の二臂像で、火焔光背を有し、右手に剣を持ち岩座に立つなどの特徴を有する。

金毘羅大権現像
（十念寺蔵、奈良市教育委員会写真提供）

小祠脇に祈禱札らしきものが目についたので取り出してみると、やはり金毘羅大木札で合計三枚あった。年代順に古いものから記してゆくと、まず一枚目が「安政第二年（一八五五）五月吉良日」に「象頭山金光院」が発行したもので、不動明王を示す種字カンマーンの下に「奉修不動明王護摩供二夜三日諸願成就祈攸」と墨書されている。

次に二枚目は、「文久第三年（一八六三）八月吉良日」に同じく「象頭山金光院」が発行したもので、カンマーンの下には「奉修不動明王護摩供二夜三日商売繁昌祈」と墨書されている。

三枚目のものは、近代に入ってからの「明治三十年（一八九七）十二月吉日」のもので、「金刀比羅宮　奉二夜三日祈禱家内安全守護攸」という墨書がある。

このうち上部が山形になった江戸時代の安政二年・文久三年の二つには、やはり不動明王を示す種字カーンの下に「寫（象）頭山金毘羅大権現守護処」と刷られた内符を納めた「象頭山金光院」発行の「御祈禱御牘」と「金毘羅御守」

がそれぞれ付属し、水引も各遺っていた。「金毘羅御守」の裏には、『金毘羅庶民信仰資料集』第一巻二九二頁図版K－五九と同様の花押形も刷り込まれていた。

　また金毘羅堂裏と庫裡裏に各一基金毘羅燈籠が立っていることも知られた。

　金毘羅堂裏のものは、竿正面に「金毘羅大権現」、同裏面に「為家運長久　願主　中邨萬祐廣明」と銘文が記され、「天保十二辛丑年（一八四二）四月十日」（竿右面）に建立されたものである。また基礎正面には「石工　嘉助」の名と彼の印が刻まれているが、彼の名は、ＪＲ奈良駅前の「天照皇太神」他の常夜燈と「金毘羅大権現」常夜燈にも見え、特に前者のそれには全く同じ印章も刻まれていた。一方庫裡裏のものは、やはり竿正面に「金毘羅大権現」とあり、「天保十一庚子年（一八四〇）十一月十日」（竿右面）に「栄徳講」（同裏面）によって造進されたものである。十念寺の金毘羅信仰遺物の中で、同寺にかかわった近世の金毘羅講の名が知られるものは管見のところ本常夜燈のみである。

　この他、十念寺には海難絵馬を含む三〇枚近い絵馬も遺されている。必ずしも全てが金毘羅堂に奉納されたものではなさそうであるが、今後調査・検討を加えていく必要のある資料群である。

四　十念寺の金毘羅信仰習俗

　金毘羅独特の信仰習俗として知られる流し樽は、樽に酒をつめて（金毘羅樽）、あるいは賽銭をつめて（流し初穂）、川や海に流し、金毘羅に奉納するというものであるが、これについて『金毘羅山名所図会』は、

　諸国の人々祈願をするにも又成就するにも、悦ひにとて或は材木或は神酒なとを奉るとて、其所々の海へなかれおつる川に流す。譬へは山城にては木津川・宇治川なとに流すかことし。すへて東西南北をわかす其余の国々も

これに推ししるへし。されは数百里の海上をたゝよひなかれて、ことことく丸亀の海辺浦々につく事人の持はこふかことし。かしこにて某所人々これをとりあけて御山に奉る。是をなかし樽、流し材木といふ。誠に神徳のいちしるき事この一事にても知るへし。(11)

と、「流し樽・流し材木の図」を添えて記した。ここに筆者が傍点を付した木津川における流し樽習俗に十念寺の関与があったことは、既に印南敏秀氏の記されたところであるが、(12)現十念寺住職小嶋賢逸師のご母堂小嶋千代氏(明治三十八年生まれ)からも、ご自身はその習俗を見たことはないとしながらも、先代住職からそれが行なわれていたことを聞いて知っているとのお話をうかがった。

さらに千代氏からは興味深い別の信仰習俗についてもお話を聞くことが出来た。現在十念寺の庫裡入口の前には全長約二メートルにも及ぶ大きな団扇が懸けられている。損傷が甚だしくこんにちではほとんど骨ばかりといった状態を呈しているが、千代氏のおっしゃるには、かつて十念寺で金毘羅祭が盛大に行なわれていた頃には、「金毘羅さん風おくれ。あまったら返す」と唱えながらこの大団扇を煽いで風を起こしたということである。

武田明氏は、象頭山から吹きおろす風に対する信仰こそが金毘羅信仰の原初形態であったと説かれ、海難絵馬に難破寸前の船上へかなたの空から風に乗って御幣が飛んで来る様子が頻繁に描かれるのもその証左だと述べられた。(13)また印南敏秀氏は、金毘羅が異形の天狗となってゆくのも、金毘羅信仰の本質が風に対するそれにあって、天狗が風をあやつる風神的性格を有していたからであろうと述べておられる。(14)こうした金毘羅の信仰内容を考える上でも、十念寺のこの大団扇を使った習俗は誠に興味深いものと評価できよう。

五　名所案内・名所図から見た十念寺

十念寺では、思いの外様々な信仰遺物や興味深い信仰習俗にめぐりあうことができたが、このあたりで少し、十念寺に金毘羅が祀られた時期について考えてみたいと思う。

信仰遺物よりすると、山門を入って左脇の常夜燈が最も古く安永三年（一七七四）の年紀を示し、この頃には十念寺に金毘羅が既に祀られていた可能性もあるが、時期的に他のものから孤立した存在であり、一考を要する。

その点、門前の燈籠二基が建てられた文政十二、三年（一八二九、三〇）頃からはコンスタントに各種の奉納が続いた様子が知られ、この段階では十念寺に金毘羅が祀られ奈良市中の金毘羅信仰の核となっていたことはほぼ間違いない。

ところで、十念寺について記した近世奈良の名所案内に、延宝六年（一六七八）刊の『奈良名所八重桜』があるが、これには「この町の北がはに、十念寺の愛染とて名仏おはします。これも本、元興寺の一院たりしが彼の寺零落ののち、西大寺の興正菩薩の弟子に忍正《ママ》法師むかしをしたひ、愛染堂をこの所へうつしたまふなり。作は湛康のきざめるといへり」(15)とのみあって、一切金毘羅への言及がない。これはこの当時もし万一十念寺に金毘羅が祀られていたとしても、愛染堂に比べてさほど有名な存在ではなかったということを示しているのであろう。

しかし奈良の地誌として著名な享保二十年（一七三五）の村井古道著『奈良坊目拙解』十念寺の項に、「享保五庚子年（一七二〇）三月廿一日夜亥時計り、当寺方丈より出火して本堂愛染堂惣門悉く焼亡し、隣家数宇に及んで類焼す」とあり、同九年に愛染堂再興が、同十四年に本堂再興が成就したとの記事がある(16)ので、この段階で十念寺にはいまだ金毘羅が祀られていなかったと考えて恐らく誤りはない。

これらを別にすると、近世奈良の名所案内・名所図中に十念寺に関する記述を見つけることは甚だ困難である。筆者は天理大学附属天理参考館にて同館所蔵のそれらを相当数拝見させていただいたが、名所図では元治元年（一八六四）十一月改の絵図屋庄八板『和州奈良之図』に初めて「十念寺」の記載を見ることができた。同じ絵図屋庄八板の天保十五年（一八四四）五月改の、『和州奈良之図』には同じ場所に「寺」の文字しか見られないのと比較すると、この間に十念寺に対する扱いが少し変わってきているとはいえ、もちろん金毘羅に関する表記は全くない。天理参考館で閲覧させていただいた名所図中で十念寺の金毘羅が初めて見えるのは絵図屋の後身筒井庄八が明治二十二年（一八八九）一月三十一日に出版した『奈良細見図』に至ってであった。[17][18]

だからといって、もちろん近代に入ってから十念寺に金毘羅が祀られたのではないことは何よりも既にみた多くの信仰遺物が教えてくれる。

結局、名所案内や名所図を駆使しても十念寺に金毘羅が祀られた時期については依然判然としないままであるが、名所案内や名所図に十念寺の金毘羅が記載されないのは、それが他所から来た観光客の見物対象ではなく、当地奈良に住む人々にとっての熱い信仰対象として存在していたことを物語っているのであろう。

〔付記〕　本稿を成すにあたり、調査をご快諾いただいた十念寺ご住職小嶋賢逸師、貴重なお話を聞かせてくださった小嶋千代氏、調査に同行ご協力いただいた大阪市立美術館石川知彦氏、三瀬安世氏、十念寺金毘羅大権現像や同寺所蔵絵馬の写真をご提供いただき、またそれらについて様々なご教示を賜った奈良市教育委員会文化財課阿部誠氏・同岩坂七雄氏、奈良の名所案内・名所図多数を閲覧させていただいた天理大学附属天理参考館上野利夫氏・同中谷哲二氏、そしていつも何かとご指導賜っている金刀比羅宮図書館松原秀明氏に、この場を借りて末筆ながら御礼を申し述べたい。

〔註〕

（1）徳融寺は奈良市鳴川町にある融通念仏宗の寺院で、かつての同宗大和国七箇大寺の一つであった（大阪市立博物館『融通念佛宗―その歴史と遺宝―』）。同寺付近には中将姫誕生の地と伝えられる誕生寺や中将姫の父藤原豊成の屋敷跡と伝えられる高林寺など中将姫伝説にかかわる古寺が存在する（尼寺三十六所霊場会編『尼寺三十六所法話巡礼　浄心の旅―尼寺めぐり』）が、徳融寺もその一つで、境内には豊成・中将姫の墓と伝えられる鎌倉時代の石塔や四方仏石が存在する（『奈良市史』社寺編）。

（2）近世、江戸・京都・奈良・大坂などには、旅人に市中の名所を案内する有料ガイドが存在した（内田九州男「観光のメッカ大坂」〈『観光の大阪』四四一・四四二〉）が、本常夜燈からは、奈良の案内人達が仲間組織を持っていたことが知られ興味深い。
なお、近世奈良の案内人については、山田浩之氏の考察（「近世大和の参詣文化―案内記・絵図・案内人を例として―」〈『神道宗教』一四六〉）がある。参照されたい。

（3）「浪華百事談」（『日本随筆大成』第三期第二巻）

（4）拙稿「近世大坂周辺地域における金毘羅信仰の展開」（大阪府教育委員会『歴史の道調査報告書　第七集　宗教の路・舟の路』、本書第一部第一章）

（5）大阪引札研究会編『江戸・明治のチラシ広告　大阪の引札・絵びら　南木コレクション』所収「古梅園」引札（図版番号五五）に「御墨司」と記される。

（6）大原東埜企画のこの丸亀街道修復工事の際の寄進者名簿は、その修復発願趣旨とともに『象頭山行程修造之記』に載せられているが、松井古梅園は「南都椿井丁」の本店三〇工分とは別に、「大坂心斎橋」にあった支店からも一〇工分を寄付している。ちなみに東埜は一坪分の工費を一工とした（近藤喜博『金毘羅信仰研究』）。

（7）『奈良市史』社寺編

（8）拙稿「近世大坂周辺地域における金毘羅信仰の展開」（前掲）表3

（9）写真は、奈良市教育委員会文化財課提供。なお、同教育委員会『昭和五十九年度実施　奈良市彫刻調査中間報告書（その三）―大安寺・帯解・東市・飛鳥・椿井・済美地区―』も併せて参照されたい。

（10）野口一雄「金毘羅権現像を考える」（『ことひら』四四、のち同著『山形県の金毘羅信仰』所収）

（11）「金毘羅山名所図会」（『香川叢書』第三）

（12）印南敏秀「流し樽と金毘羅信仰」（『ことひら』四一）・同「住吉信仰から金毘羅信仰へ」（『海と列島文化九　瀬戸内の海人文化』）

（13）武田明「金毘羅信仰と民俗」（山岳宗教史研究叢書一一『大山・石鎚と西国修験道』。のち民衆宗教史叢書一九『金毘羅信仰』にも再録）・同『日本人の死霊観　四国民俗誌』第五章「こんぴら信仰」

（14）印南敏秀「金毘羅信仰資料から見た瀬戸内文化」（『民具マンスリー』一九―一二）・同「住吉信仰から金毘羅信仰へ」（前掲）。

（15）「奈良名所八重桜」（『日本名所風俗図会九　奈良の巻』）

（16）喜多野徳俊訳・註『奈良坊目拙解』

（17）絵図屋庄八については、山田浩之「近世大和の参詣文化」（前掲）を参照のこと。

（18）「コンピラ社　十念ジ」。なお同図は、山田浩之「近世大和の参詣文化」（前掲）にも収められているので参照されたい。

第三章　〝米子の金毘羅〟瑞仙寺
——その創祀と神仏分離をめぐって——

はじめに

近世初頭には讃岐の一地方名社程度に過ぎなかった金毘羅は、近世後期には『陸奥国信夫郡・伊達郡風俗問状答』に「伊勢参宮・江戸・京・大坂・大和、近年は金比良《（毘羅）》迄一代一度参る」と記されたように、かの伊勢神宮と肩を並べて、遠く東北地方からでさえ一生に一度は参拝すべき聖地として認識されるほど全国的な信仰を集めるようになった。

この金毘羅信仰が全国的普及を遂げる過程で、一大画期とされるのが西廻航路の開発である。[1] 西廻航路とは、幕府諸藩の年貢米廻送のため東北・北陸地方から日本海沿岸を西に向かい、下関を経て瀬戸内海に入り大坂に達するというもので、出羽国の幕府領年貢米の江戸廻米を命ぜられた河村瑞賢（一六一八～九九）によって寛文十二年（一六七二）に開航せられた。この西廻航路開航にあたって幕府は、讃岐の塩飽島、備前の日比浦、摂津の伝法・河辺・脇浜といった瀬戸内海の航行になれた船を雇った[2]が、彼らにとって金毘羅の坐します象頭山は古来、瀬戸内海航行の目印であり、信仰対象でもあったから、彼らによって海上守護の金毘羅信仰が、全国に先駆けてまず、日本海沿岸各地にもたらされていったのである。

ところで、西廻航路開航の前提として、はやく鳥取藩は寛永十五年（一六三八）から大坂廻米を続けており、また加賀藩も同年試行的に米一〇〇石を大坂に廻漕したという事実があげられるが、(3)田村善次郎氏の手になる伊勢講・善光寺講・津島講といった全国有名社寺の講分布図(4)を眺めると、鳥取県の西部米子近辺で瀬戸内海周辺に劣らぬほど濃密に金毘羅講が存在している様子が知られるのである。ということはすなわち、当地で日常的に彼らの信仰的欲求を充足させる金毘羅分祀が必ず存在したに違いないと思われたが、幸い米子市寺町の久坂山瑞仙寺に金毘羅が祀られていることがわかり、同寺のご好意により資料調査をさせていただくことができたので、ここにそれらを紹介し、瑞仙寺を核とした当地における金毘羅信仰の展開を跡づけてみたいと思う。

一　瑞仙寺の歴史と金毘羅信仰遺物

瑞仙寺は寺伝によれば、源頼朝の曽祖父にあたる源義親（?～一一〇八）の菩提を弔うため旧臣達によって久坂（現、米子市日下《くさか》）の地に草創されたという。義親は対馬守在任中に人民を殺害し、貢物を横領するなどして隠岐に流されたが、やがて出雲にわたり、ここでも目代を殺し財物を奪うなどの濫妨をくり返したため、追討使に任ぜられた因幡守平正盛（平清盛の祖父、生没年不詳）によって誅殺されたと伝えられる人物である。

瑞仙寺は当初、大山支配下の天台宗寺院であったというが、のち衰微し、永享十一年（一四三九）土豪真野兵部少輔重成の招きによって能登総持寺から竺翁仲仙《じくおうちゆうせん》（生没年不詳）が来山し曹洞宗寺院として再興。寺号は開基とされる山名熙之の法名慈光院瑞賢の「瑞」と開山竺翁仲仙の「仙」の字をとってつけられたと伝えられる。以後瑞仙寺は伯耆守護山名家の手厚い保護を受け、その厚遇は戦国期尼子支配時代にも続いたが、尼子家が滅亡した後の毛利氏支配下では各地に散在した所領が失われ、わずかに残った久坂の本領二五石さえも慶長五年（一六〇〇）伯耆一国一七万五〇〇〇石の領主として米子城に入った中村一忠（一五九〇～一六〇九）によって没収の憂き目を見た。一忠は慶長十四年弱冠二十歳にて急死し、嗣子なきため中村家は断絶となり、翌十五年加藤貞泰（一五八〇～一六二三）が会見・汗入二郡六万石の領主として米子城入城を果たした。この貞泰が、瑞仙寺八世陽山祖全に深く帰依し、城下寺町に一寺を設けて迎えた。これによって瑞仙寺は久坂と寺町に二寺並存することとなったのである。貞泰は、その後大坂冬・夏両陣で戦功をあげ、元和三年（一六一七）伊予国大洲へ移封となり、米子は同年因幡・伯耆二ヶ国の大守として鳥取城に入封した池田光政（一六〇九～八二）の領するところとなったが、寛永九年（一六三二）光政は従兄弟の岡山藩主池田光仲（一六三〇～九三）と藩主入れ替わりとなった。この光仲以降の鳥取藩主池田家の治政下、米子城には筆頭家老荒尾家が明治維新まで代々在城し、城下の支配は荒尾家に委ねられた。そのもとで久坂・寺町の両瑞仙寺は本末関係などをめぐって争い、鳥取藩は寺町のそれをもって本寺としたが、久坂瑞仙寺はこれを不服とし、江戸時代を通じて両寺の争論は延々と続けられた。(5) 現在も米子市日下・寺町双方に瑞仙寺が存在するが、日下の瑞仙寺には永享十一年（一四三九）九月二十八日付の伯耆守護・山名教之（?～一四七三）の書下をはじめ政之・澄之ら歴代山名家当主の書下・寄進状・安堵状や尼子晴久（一五一四～六〇）・同勝久（一五五三～七八）の安堵状など中世文書三一通が遺され、米子市の有形文化財に指定されている。(6)

さて筆者は、平成五年五月十九日、米子市寺町を歩いていて二基の常夜燈に出会う。それらは瑞仙寺山門と道を隔ててたっており、山門に向かって左側のものは随分と新しい近年のものであったが、一方右側のものは、中台より上は既にないのに加えて、砂岩製のため剥落が甚だしく、辛うじて「文政三庚辰（一八二〇）二月吉日」の銘文は読めたが、残念ながら金毘羅燈籠か否かという確認はできなかった。それでも「文政三年」という、ちょうど金毘羅燈籠が数多くたてられる時期の銘文が気になって瑞仙寺の山門をくぐると、すぐ右手に金毘羅堂があり（図1）、「金毘羅大

図1　瑞仙寺金毘羅堂（平成5年5月19日）

権現」としたためられた篇額には大層りっぱな二頭の龍の彫り物がつけられていた。現住職長曽龍生師のご母堂長曽淑子さんにお話をうかがったところ、堂内には金毘羅の木像が祀られていて、金毘羅大木札もあるとのことであったが、この日は他に所用もあり、あらためての調査をお願いし瑞仙寺をあとにした。

　再び瑞仙寺を訪れたのは、翌平成六年七月十四日のことである。ご住職立会のもと調査をさせていただいたが、まず金毘羅大木札は四枚あって「明治廿九年四月吉良日」「明治四十年四月吉良日」「明治卅三年四月吉良日」「明治卅四年四月吉良日」と年月日こそ違え、皆「金刀比羅宮　奉二夜三日祈禱家内安全守護攸」と祈願内容は全く同じであった。四枚の大木札はいずれも明治後半のものであったが、祈願文に「家内安全守護」と記されるように、淑子さんのお話ではこれら大木札はもともとは近所の方が讃岐の金刀比羅宮に参詣してもらいうけて来たもので、割合最近になって瑞仙寺に奉納されたものであるらしい。

　また金毘羅大権現の御正体と称される和鏡一面も拝見したが、「天下一厺村因幡守藤原義信」の銘のある蓬莱文の図柄鏡であった。村松因幡守は、「高らいはし《（麗橋）》堺筋」（延享五年〈一七四八〉版『改正増補難波丸綱目』他）に住し、江戸時代中期から後期にかけて数代にわたりその名を世襲した近世大坂を代表する鏡師である。(7) 淑子さんによれば現在のものはあくまでも代用品で、本来のものは既に失われてしまったとのことである。

さていよいよ金毘羅大権現の木像であるが、瑞仙寺で金毘羅大権現像として祀られてきた像は三躰あって、それぞれ高さわずか一〇センチ前後の小さな厨子に納められていた。淑子さんもご住職も一度も開いたことがないとのことであったので、一体どんな像が現れるのか興味津々で開扉させていただいたが、何と驚いたことに、わずかに大きい中央の一躰は十一面観音立像で、左右の二躰はそれぞれ天部形、僧形の脇侍であった。

この他、瑞仙寺の什物帳が二冊遺されており、表紙に「当山二拾世本宗叟新添」と記された古い方の一冊には、「金毘羅大権現御宝物」として以下のように記されていた。

一、御宝剣　木山忠三良
一、大鏡　村瀬氏
一、小鏡　恵美須屋弥兵衛
一、前卓　小嶋屋甚太良
一、御圖　法城寺和尚
一、本社真鍮燈籠　養光院九世 龍泉寺雄禅和尚
一、金爛（ママ）戸張　十方檀那
一、赤地錦戸張　賀州ノ住人舟 権現丸末吉
一、緋縮緬打敷　二十世代
一、紫幕　当町中

一、晒幕　汗入郡ヨリ
一、唐津神酒徳利　大工吉右衛門
一、鈴徳利　鳥附住人
一、真鍮常夜燈　恵美須屋弥右衛門　佐々木屋平八　渡リ屋安治良
一、唐金花瓶　鹿嶋源右衛門
一、大賽銭箱　二十世本宗
一、手水鉢　油屋平吉
一、内ノ唐獅子　後藤市良右衛門
一、前ノ唐獅子　日野郡ヨリ
一、大祈禱箱　当山本宗代
一、御鬮本二巻　二十世本宗
一、御八卦本一巻　二十世本宗

米子町中はもとより、汗入郡・日野郡からも「晒幕」「前ノ唐獅子」の奉納をうけ、本宗自身「大賽銭箱」を寄進するなど、瑞仙寺の金毘羅がかなり広範囲にわたって信仰され、非常に賑わった様子が偲ばれる。

また、本宗から二代後の「当山廿二世諦関代新添」と表紙に記された他の一冊には、次のように記される。

金毘羅大権現御宝物

一、本社御玉殿　二箇
一、拝殿半鐘　一口
一、啓子　一口
一、小木魚　一口
一、春慶塗飯台　四脚
一、鈴　一口
一、唐金大香爐香入台共　一組　法正寺町 遠藤吉太郎
一、水引　一流
一、赤地金欄御戸張　一流
一、黒塗三宝菊紋付椀共　一　鳥取何某
一、酒水器　一対　東福原邑 井上甚兵衛
一、大小御宝剣　二腰
一、黒内朱膳椀箱共　一　法正寺町 高嶋屋常右衛門
一、赤地金欄打敷　一枚
一、宝鏡　三面
一、般若箱　拾二箇　鹿嶋三良左衛門 鹿嶋治助
一、布大幕　一張
一、唐金燈籠　一

一、真鍮金燈籠　一
一、朱塗御酒徳利　一対
一、本社前卓箱共　一組　立町 塗師源六
一、盛物台　一対　同
一、木綿大幕　一張　法正寺町 遠藤吉太郎
一、真慶（ママ）塗三宝　二前
一、拝殿前ワニクチ　一口
一、本社前郭（廊）下　一
一、拝殿御拝　一
一、石玉垣　一
一、真鍮燭台　一対
一、手水鉢屋根共　一
一、石井土（ママ）　一
一、門前常夜燈　一対　京都桔梗屋久兵衛 雲州玉木屋寿三郎
一、石大燈籠　一　岩倉町中
一、祈禱札判（ママ）木大小　二枚　廿二世代
一、茶堂建立　一宇　同
一、茶堂大茶釜　一　同

一、木枕　二十　立町持田屋要兵衛
一、主夜神社建立　一宇　廿二世代
一、毘沙門天御札判（ママ）木大小　二枚　同
一、稲荷殿一宇再建　法正寺町油屋平吉
一、御玉殿　一宇　廿二世代
一、石玉垣　同
一、大小札判（ママ）木　二枚　同

金毘羅大権現御社永代御神田

一、所者米原邑分下畑田本畝合弐反八歩
高合壱石三斗壱升弐合
物成六斗五升六合　大豆代共々
掛米弐石六斗七升五合
下作　灘町助右衛門受
残而弐石壱升九合地利米也
納升壱石五斗壱升九合
但　御社永代御修覆料

納升五斗

門前東之方常夜燈永代油料

東町

桔梗屋久兵衛

右之通此度相求置候以上

願主講中

発起鹿嶋伊右衛門

御田地世話人上三柳村

文政六年未十一月吉日　代吉

福引連中従寄進之覚

米原邑分弐拾六字治右衛門道西上ニ収（ママ）覚三百廿七番

一、下々畑五畝拾八歩

高弐斗弐升八合

一、下々畑壱畝拾歩

高五升四合

〆打畝七畝拾歩

懸米六斗六升

廿七字傳四郎道西覚三百二拾七番

一、下々畑田弐畝半歩

高弐斗弐升弐合

一、同所同番下々畑六畝弐拾歩半
　　　高弐斗七升五合
一、同所下々畑拾七歩
　　　高壱升五合
　懸米壱石弐斗七升八合
〆打畝壱反四畝四歩
高〆七斗九升
打畝合懸米壱石九斗三升八合
内三斗七升九合　物成引懸物入
地利米〆壱石五斗五升九合
代銀弐貫七拾八文目六分五りん
　嘉永四年亥十一月日　米原村文右衛門印
　　現住廿二世諦関代新添也

さらに多くの什物が奉納されたことが知られ、本宗の時に比べて参拝者が一層多くなり賑わいも増したのであろう、二十二世諦関によって参詣者接待用と思われる茶堂一宇が建立され、その茶堂内で用いられる大茶釜も同じく諦関によって奉納されている。夜間参籠する者もあったのであろう、睡眠時に使用する木枕も二〇個、これは寺町に南接する立町の持田屋要兵衛によって奉納されている。加えて特筆すべきは、金毘羅大権現「御社永代御修覆料」や「常夜燈永代油料」に充てるべく、会見郡米原村（現、米子市米原）に「金毘羅大権現御社永代御神田」が設定されていることである。

二　棟札から知られる瑞仙寺金毘羅社の変遷

ところで、瑞仙寺にはこれらの他に金毘羅社にかかわる棟札が、宝永元年（一七〇四）から文政二年（一八一九）にかけて、総計五枚遺されているので、次にこれを紹介し、同寺金毘羅社の変遷を辿ってみたい。

【A】

（表）

　　再営梵宮架良材
上梁銘曰　堂堂反宇勢崔嵬　粤
　　山神威徳倍檀信
　　燕雀祝来謡玉台　』（以上、上部）

須弥南原扶桑国西伯米子城畔久坂山裏伽藍神金毘羅」之霊廟年古廃壊尚矣、時諸檀頃（ママ）心以欲再建事、始元禄庚」午秋
同玉成甲申春者也、択良辰此日安坐神像以伸慇懃」供養、殊請諸山清衆転読大般若経、専祈　天下泰平国土」安穏、
山門繁昌万民快楽者哉
維持宝永元年龍集甲申　前総持現住瑞仙覚隠叟智範謹誌

六月初十蓂　大工　渡部伊兵衛尉藤原正家等』（以上、下部）

（裏）

宍道屋傳吉　福田屋庄九郎　村川市兵衛　後藤彦三郎
土佐屋金三郎　出雲屋兵吉　大谷藤兵衛　魚屋四兵衛
今市屋藤九郎　出雲屋市左衛門　野波助次郎　淀江屋彦次良
発願主　貫屋喜太郎　山形屋又右衛門　野波長左衛門　今村多兵衛
井筒屋藤八郎　吉野屋平吉　後藤七郎兵衛
山形屋六郎兵衛　呉服屋庄兵衛　後藤権六郎

本棟札によれば瑞仙寺の「伽藍神」である「金毘羅之霊廟」は、大変古くなり損壊が甚だしくなったため、元禄庚午、すなわち元禄三年（一六九〇）の秋から檀中が心を合わせて再建にとりかかり、甲申、すなわち元禄十七年春に無事完成なった。良き日を選んで金毘羅大権現の神像を安置し、諸山の清僧が打ち揃って大般若経六〇〇巻の転読を行ない、専ら天下泰平・国土安穏・山門繁昌・万民快楽を祈ったという。元禄十七年は三月十三日に改元されて、ときに宝永元年六月十日。住持は「前総持」覚隠智範で、発願主については、特に抜きんでて大書される者もなく、宍道屋傳吉以下二二人の名前が裏面六行にわたって記されている。寺伝によれば、瑞仙寺の金毘羅大権現は、伯耆守護山名家の陣中守り本尊であったというが(8)、その伝承は無理としても、元禄三年に既に再建せねばならぬほど古くから当地に金毘羅が勧請されていたという事実は、注目に値する。

【B】

（表）

皇風永扇　国土昇平
奉造營金毘羅大権現本社壱宇
仏日増輝　法輪常転　」（以上、上部）

発願主拾八丁講中
世話役鹿嶋屋治助重長
棟梁野々村新吉尉安則
小工等
檜皮三嶋藤八郎則成　」（以上、下部）

（裏）

棟札記　伯州会見郡米子城久坂山瑞仙禅寺伽藍鎮護金毘羅大権現之宝廟者、元禄甲申再創基也、亦拝殿者安永中先住太眠長老之新造建也、」歴代雖加修理於上漏下湿頗及廃壊有年焉、予不忍黙止而今歳寛政三辛亥春三月、聚講中之諸輩於廟殿而相議以防雨湿術、於爰于鹿嶋屋治助出衆曰、当」社之神徳溢十方何不加区々修理哉、我魁講中戮力焉遽令工匠氏以見窮破損所之赴、自夙夜驅馳調集木竹土石於四方而、孟夏初旬起役焉、且従来細刻之華木禽獣」雲浪鱗甲者命丹青師荘挍厳飾矣、予不覚踊躍、俄然而勧化当所二九之町中并会汗二郡之男女、於化蒸弓浜諸村之庄官網頭等、猶末《(未カ)》足処講中之諸家抽丹精擲浄財」而、不日本社拝殿能事既畢、及浪華石之花表者施主若干新粥《(ママ)》所也、嗚呼神明之慈徳熙熙焉赫々焉、発願主勳功昭々乎霊々乎、他後異日無真無俗詣此社而沐慈」徳者誰不讃嘆證明也、遂卜良辰修此日神

像遷座之祭、奉転読大般若経六百軸、真文以増崇応現之威光、専祈四海安寧万民豊楽山門鎮静」火災永盡者
維持寛政三龍集辛亥仲冬八日　現二十世代　『竺《(異筆)》庵宗叟書焉』

本棟札によれば、元禄十七年に再建なった金毘羅社は、先住太眠長老の代、安永年間(一七七二〜八一)に新たに拝殿が付け加えられ、代々修理も重ねてきたが、既に再建から九十年も経ただけに老朽著しくなった。そこで瑞仙寺二十世本宗は、寛政三年(一七九一)春三月講中の諸人を集め金毘羅社殿内において対策をはかったところ、ひとり鹿嶋屋治助が講中から出《い》で、少しばかり修理したとてどうなろうか、われら常日頃から当金毘羅大権現のご神徳を被っているのであるから、私が先頭に立つので講中皆力を合わせて再興に尽力しようと発言した。治助はまず大工棟梁を呼び寄せて破損個所を調べさせ、四方各地に赴いて木・竹・土・石を集め、同年四月初旬には工事着工となった。本宗はこうした治助の動きに喜びを禁ぜず、米子城下十八町は言うに及ばず、会見・汗入二郡にまで足をのばして勧進し、また講中の諸家も浄財をなげうってこれに協力してくれたため、本社・拝殿は日ならずして再興をみ、さらには「浪華石」の「花表《かひょう》」、すなわち鳥居も新たに造立された。良き日を選んで金毘羅大権現の神像を遷し、大般若経六〇〇巻の転読を行ない、専ら四海安寧・万民豊楽・山門鎮静・火災永尽を祈ったという。ときに寛政三年十一月八日。発願主は、米子城下「拾八丁講中」と大書され、その左脇にこの再興の牽引車となった「鹿嶋屋治助重長」の名が「世話役」として記されている。

この鹿嶋屋は、初代常吉が岡山から小間物の行商にきて米子に定住。二代・三代は農業とともに小売業を営んだが、四代治郎右衛門が米商売をはじめ、ついで醬油屋・質屋と手をひろげて、幕末には鳥取藩主池田家や米子城を預かっていた家老の荒尾家から多額の献金を求められたり、また米子城の改修をも命ぜられるほどの財を貯えた(9)。

鹿嶋屋治助家は、この鹿嶋屋の基を築いた四代治郎右衛門の弟治助が分家したのを初代とし、文化年間（一八〇四～一八）頃の建築とされるその居宅は現在も米子市立町二丁目に遺り威容を誇っている。慶応四年（＝明治元年〈一八六八〉）には山陰道鎮撫総督西園寺公望（一八四九～一九四〇）、明治三年には鳥取藩知事池田慶徳《よしのり》（一八三七～七七）の宿舎にも供せられ、金蔵・道具蔵とともに建ち並ぶ米蔵には往時八〇〇〇俵もの米が収納されていたという[10]。

ところで本棟札を、先の棟札Aと比較して注目されるのは、棟札A段階では確認されなかった金毘羅講が米子城下十八町にわたって既に形成されている点である。またこの際の金毘羅社再興にあたって瑞仙寺二十世本宗はその費用を集めるため会見・汗入二郡に勧化に出ていることも併せて注目しておく必要があろう。

【C】

（表）

天下泰平国家安穏五穀成就万民快楽　世話人 因幡屋喜右衛門 高嶋屋佐吉　恵比須屋彌右衛門 嶋屋武兵衛

奉脩葺金毘羅社壱宇発願主拾八町講中宮庄屋鹿嶋屋治助重長

仏日増輝法輪常転伽藍鎮静火盗専消　棟梁 野々村新吉安則 檜皮 三嶋藤八郎則成

（裏）

棟　米城街化　瑞仙壃壇　金毘羅廟　累年廃戔　上漏下湿　豈居忍看　今歳乙丑

札　計議講檀　将加脩葺　吉辰言官　専径営事　日々盤桓　新架郎庇　前殿殆寛

銘　猶使工匠　得落成完　可謂神慮　槐（ママ）々団々　勧群功徳　昭々蔓々　良萁卜此

曰　遷座殊歓　威力倍儼　霊光凛寒　長鎮禅閣　諸願満貫　四衆和合　斉扇永安

敬白

維時文化二龍集乙丑稔十月十九鳥（ママ）
当山二拾世竺庵本宗叟代誌焉

さて、鹿嶋屋治助を筆頭にあれ程情熱をかたむけて再興を果たしたのに、わずか十四年後の文化二年（一八〇五）にはまたもや損壊が甚だしくなり、「上漏下湿」が忍びがたいほどになった。そのため屋根の葺き替えを行なったが、本棟札はその際のもので、ときに文化二年十月十九日。棟札Bと同じく二十世本宗の代のものである。

これまたBと同じく「発願主」として「拾八町講中」が大書されるが、その下に記された「鹿嶋屋治助重長」の肩書が「宮庄屋」となっている点が注目される。その莫大な財力とともに、前回の金毘羅社再興の功績が彼を講の代表者の地位に押し上げたのだろう。(11) 他に「世話人」として、「因幡屋喜右衛門」以下四名の名が記されている。

【D】
（表）
奉造営金毘羅大権現御拝壱宇』（以上、上部）

願主
三好佐治郎　　鹿嶋治助
鹿嶋治良右衛門　　木山忠三郎
遠藤吉太郎　　遠藤与三左衛門
末次彦右衛門　　世話人 名和川屋治兵衛』（以上、下部）

（裏）

伯州米子久坂山瑞仙禅寺伽藍鎮護金毘羅大権現寳殿、自于元禄年代代加」脩覆、漸漸増観麗神威弥盛徳風払障、粤発起願主鹿嶋治助重長者、各相謀而」抽丹誠喜捨浄財而新添于御拝一宇竪壱間横壱丈壱尺者、其於工匠氏撰尽」好手其於雲龍花尽美尽善焉、於斯堂堂魏魏乎、寳殿玲瓏乎仰可拭眸俯可」生信焉、其謂功果則雲山蒼蒼山高水長

御拝上梁銘曰

于時文政二龍宿己卯林鐘朔日　　久坂山瑞仙禅寺二十一世諦関謹記

本棟札によれば、瑞仙寺の金毘羅社は元禄年中（一六八八～一七〇四）より代々修覆を加えてきたので、徐々に見事になって来、それにつれて神威もいよいよ盛んになり、その徳風は様々な障害をとり除いてくれる。ここに鹿嶋治助重長が発起人となって講中相はかり、浄財を喜捨して金毘羅社に縦一間、横一丈一尺の「御拝」一宇を新たに寄進する、とある。ときに文政二年（一八一九）林鐘朔日、すなわち六月一日。瑞仙寺の住職は本宗の次代二十一世諦関とある。(12)

「願主」としては既に「発起願主」としてその名が出て来た「鹿嶋治助」の他六名の名が記され、その中には治助の本家「鹿嶋治郎右衛門」の名も見える。これとは別に「世話人」として「名和川屋治兵衛」の名が記される。

【E】

（表）

天下泰平　風雨順調　　　　会見郡村村

奉造営金毘羅大権現本社　願主米子総町中

国土安穏　五穀成就　　　　汗入郡村村』（以上、上部）

棟梁野々村新吉安則
発起鹿嶋治助重長
　檜皮三嶋六良左衛門則成』（以上、中央部）
　　油屋　平吉　　　　舛屋佐右衛門
世　稲田屋喜右衛門　　稲田屋佐兵衛
話　高嶋屋佐吉　　　　三輪屋彦兵衛
人　東福原村佐左衛門　岡本屋伊右衛門
　　東福原村源八　　　恵比須屋弥右衛門』（以上、下部）

（裏）

米城街北瑞仙精舎伽藍鎮護金毘羅大権現、昔時雖不詳勧請于当山之年月日、元禄甲申春、十四世」智範和尚自于再建本社而以来、安永中、十九世太眠和尚新造立二間半四面拝殿矣、寛政三辛亥冬、」立于浪華石華表、文化二乙丑新加本社廊架、文化八年末新立籠堂、文化九壬申再鋳于巨鐘一口二尺」一寸者而鐘楼新立焉、自于寛政三以来者先師二十世本宗老漢之所経営而、般般之修造為不怠」雖無上漏下湿之憂、粤神功汪汪慈雲卒土充洽恩沢浴此者、各抽丹誠喜捨衣資修覆本社并盤垣」而、新造立拝殿之前竪壱間横壱丈一尺之御拝、其工匠氏之細刻雲龍華木盡好手巳玉成之日、揀」良辰遷座楽奏、十方之四衆如雲屯神鑑如日消災似月、諸願満足信力弥盛者也

上梁銘曰

文政二己卯六月朔日　　久坂山瑞仙禅寺二十一世諦関謹記

図2　「金毘羅大権現」篇額（平成5年5月19日）

本棟札も、棟札Dと同じく瑞仙寺二十一世諦関の代、文政二年六月一日付のもので、瑞仙寺の金毘羅がいつ当寺に勧請されたのかその年月日は詳らかでないが、十四世智範和尚の代、元禄甲申春に再建されて以来、安永年中、十九世太眠和尚の時代には新たに二間半四面の拝殿が造立され、寛政三年冬には浪華石の鳥居が建てられ、文化二年には本社社殿に廊下が付け加えられ、同八年にはまた新たに籠堂が建立され、翌九年には二尺一寸の巨鐘が再鋳されて、これを吊るす鐘楼も新規に建てられた。寛政三年以来の新規建立はすべて先師二十世本宗のなすところであった。このたび本社ならびに「盤垣」、すなわち玉垣を修復するとともに、拝殿の前に縦一間横一丈一尺の「御拝」を造立する、と記される。瑞仙寺金毘羅堂に懸けられていた二頭の龍の彫り物のある「金毘羅大権現」の篇額（図2）はこの時一緒に作られたものであるらしい。

表面には、「発起」として「鹿嶋治助重長」の名が記され、その下には「世話人」として「油屋平吉」以下一〇人の名が記されるが、その中に会見郡の「東福原村佐左衛門」「東福原村源八」という名前も見うけられる。願主あるいは世話人の中に村方の百姓の名が記されるのは初めてのことであるが、それもそのはず、「願主」として「米子総町中」とならんで、左右に「会見郡村村」「汗入郡村村」と記されているのである。

寛政三年に金毘羅社再興の資金集めに瑞仙寺二十世本宗が勧進に出て以来二十八年、米子総町中と肩を並べて金毘羅社再興願主となるほど、両郡内に金毘羅信仰がひろまったことを本棟札は如実に表している。

三　神仏分離と瑞仙寺の金毘羅

さて、讃岐の金毘羅本社は江戸時代を通じて、真言宗寺院金光院が別当として一山を支配する体制にあった。ために、明治元年三月以降の新政府による神仏分離政策は金毘羅にも否応なく押し寄せ、仏教の守護神で、薬師十二神将のひとり金毘羅摩竭魯夜叉大将に因むとされる「金毘羅」の社号は、明治元年六月の太政官布達によって「琴平神社」と改められ、ついで翌七月の神祇官布達によって「金刀比羅宮」と再度改められた。ところが明治四年六月の太政官達書には、

事比羅神社　讃岐国那珂郡象頭山　鎮座

国幣小社　列自今官祭　被

仰出　候事

辛未六月　太政官

と記され、「事比羅神社」と称されるようになり、「神社」は「宮」に再度復したが、「事比羅宮」が再び「金刀比羅宮」と改められたのは、

香川県達書

学第二四九六号

事比羅宮

其社事比羅宮文字自今金刀比羅宮ニ被改候段本月三日付ヲ以テ内務大臣ヨリ達相成候条其旨心得ベシ

明治二十二年七月九日

香川県知事　林董

という達書が発せられた明治二十二年のことで、以後現在に至るまで「金刀比羅宮」が社号となっている。

またそれまで金毘羅一山を取り仕切った金光院別当の宥常《ゆうじょう》は、明治元年六月琴陵《ことおか》姓を称し、還俗して琴陵宥常《ひろつね》の名で社務職となった(13)。

この神仏分離の嵐は、当然のことながら瑞仙寺の金毘羅をも襲った。幸い瑞仙寺にはこれに関連する一連の書類が遺されているので、それらを日付順に紹介しつつ経過を辿ってみたい。

【F】

伯耆国第八拾四区会見郡米子字寺町

千弐百二《(ママ)》拾壱番地所

禅宗　瑞　仙　寺

遷座供養願

当寺

鎮守金剛拳大薩埵堂屋根葺替」成就仕候ニ付、来ル十一月二日遷座供養」仕度候間、此段御聞届被為下候様」奉願候、以上

明治五年壬申十月十八日

瑞仙寺　黒印

関　鳥取県参事殿

河野鳥取県権参事殿

前書之通相違無御座候、以上
壬申十月十八日　　戸長《戸長》鹿島重好

金剛拳大薩埵と申者、如何ナル」仏ニ有之哉、并仏法ニ而鎮守」遷座ナト称スル事、迂坐之作」法等、書面紛敷候間、精密」確証を可届出事
十月廿四日
鳥取県権参事河野通

瑞仙寺から明治五年十月十八日付で関義臣鳥取県参事・河野通鳥取県権参事に宛てて提出した、瑞仙寺の鎮守金剛拳大薩埵の遷座供養の願書である。後掲の史料Gで明らかとなるが、この金剛拳大薩埵こそかつての金毘羅大現権であり、神仏分離によって仏号に改められたものである。瑞仙寺では、この金剛拳大薩埵堂の屋根の葺替工事が完了したので、来る十一月二日に堂内に仏像を遷座する供養を行ないたいと申し出たのであるが、十月二十四日付で河野権参事から届けられた返答は、金剛拳大薩埵とは一体如何なる仏像なのか、また仏教であるにもかかわらず鎮守・遷座などと称したり、願書の内容が甚だ紛らわしいものとなっているので、遷座の作法なども含めていま一度詳しく調べ、確証を得てから再度届けよ、という誠に厳しいものであった。

【G】

伯耆国第八拾四区会見郡米子字寺町
千弐百八拾壱番地所

御答書　　　　　　　　　禅宗　瑞　仙　寺

先達而境内金剛拳大薩埵堂屋根」替出来仕候ニ付、遷座供養之義奉願候所、」右者如何ナル仏ニ有之哉、并遷座之」作法等御届申上候様被仰附奉畏候、金剛拳大薩埵と申候者、」従前境内之鎮守金毘羅大権現ヲ、」一昨年午閏十月寺院懸御役員御取調」之上、仏体ニ付右之通仏号ニ相改、」仍て是追て社堂造ニ仕度段、御届」申上候而、屋根葺替ニ取懸り申候所、出来」仕候ニ付、遷座供養仕度段、奉願候義ニ」御座候、右遷座取扱之義者、般若経ニ而」入仏仕候義ニ御座候、此段御届申上候

　　　　　　　　　　　　瑞仙寺住職

明治五年壬申十一月五日　　山根金盛　黒印

関　鳥取県参事殿

河野鳥取県権参事殿

従前金毘羅之本所讃岐国那珂」郡所在之義者、先般国幣神社ニ」相改り候処、金剛拳大薩埵者、」何方ニ准拠致し候義哉、疎漏之書面」不文明ニ候間、何之年間何方ゟ勧請」并ニ改号之仔細等委詳可申出事

壬申十一月十二日

鳥取県権参事河野通　朱印

これは先の史料Fで河野権参事から課せられた宿題に対する瑞仙寺側の回答である。これによれば、金剛拳大薩埵なる仏は、これまで瑞仙寺境内の鎮守として祀ってきた金毘羅大権現が、一昨年、すなわち明治三年閏十月の寺院懸

役員達の調査の結果、仏体であるから仏号に改めよと命ぜられたため改称したもので、それが故に社殿を堂造りに変更したいと届け出、屋根の葺替工事に着手したが、このほどそれが完成したので、遷座供養を執行したいと願い出たのである。遷座の作法については、般若経にて入仏する、と申し述べている。

これに対する河野権参事からの返答は、金毘羅の本社である讃岐国那珂郡所在のそれは、先般国幣神社となった。にもかかわらず瑞仙寺の金毘羅が金剛拳大薩埵と改称したのはどういう理由によるのか、その点全く説明が漏れておりイ不文明なので、いつどこから勧請したのか、改号の経緯も含めて再度詳しく申し出るように、とその態度は相変わらず誠に厳しい。

【H】

伯耆国第八拾四区会見郡米子字寺町
千弐百八拾壱番地所
禅宗　瑞　仙　寺

入仏供養祈願

当寺
境内金剛拳大薩埵堂屋根葺替」出来仕候ニ付、来ル十五日入仏供養仕度」奉存候間、此度御聞届被為下候様」奉願候、以上

明治五年壬申十一月五日
瑞仙寺住職
山根金盛［黒印］

関　鳥取県参事殿
河野鳥取県権参事殿

由緒取調中ニ付、入仏供養之儀、」難聞届事

壬申十一月十二日

鳥取県権参事河野通 朱印

これは史料Gと同日付で出された金剛拳大薩埵の入仏供養願で、文面は先の史料Fとほぼ同じ内容であるが、当初の予定を延期して十一月十五日に供養を行ないたいとしている。史料Fで、河野権参事から「鎮守」「遷座」などと紛らわしい言葉を用いるなと指摘されていたので、史料Fで「鎮守」とあったところは「境内」と記され、「遷座」は「入仏」と書き改められている。しかし河野権参事からの返答は、当然のこととはいえ、現在由緒について取り調べ中であるから入仏供養の儀は聞き届けがたいという、誠に素っ気ないものであった。

【I】

伯耆国第八拾四区会見郡米子字寺町

千弐百八拾壱番地所

禅宗　瑞仙寺

先達而金毘羅大権現之号ヲ廃し、仏号ニ」相改候次第御届申上候様被　仰付、其段御届」申上候所、疎漏之書面不分明ニ付、何年間」何方ゟ勧請致し候哉、改号之子細等」尚又御届申上候様被　仰附、恐入奉畏、」左ニ申上候

一、当寺義、元当郡久坂村ニ而応永二年」竺翁和尚開創ニ御座候所、其翁者応永三年」伽藍為守護、金毘羅大権現と唱勧請仕候由、」尤其後山名家久坂村江在城中、兵火ニ而」伽藍不残焼亡仕、本尊と金毘羅大権現ヲ」守護仕候而、

立退候趣ニ御座候、仍之何方ゟ勧請」仕候と申義、相分り不申候、其以後元和年中」当所へ引移り候ニ付、金毘羅
大権現も同様」引越候義ニ御座候、然候所、従来開帳禁し有之」ニ付、拙僧義も拝礼仕候義無御座候所、一昨」午
閏十月寺院懸り御役員御出張ニ而、御改ニ」相成候所、全仏体ニ付、神号ヲ廃止、仏号ニ」相改候様被　仰附奉畏、
大宝積経如来之」説ニ依り、金剛拳大薩埵と相改、其砌」御届申上候義ニ御座候、且社造りヲ堂造ニ致シ、」鳥居
等取除、粉敷義無之候、跡ハ其侭ニ而」不苦旨、被　仰付候ニ付、造作ニ取懸り居申候所、」漸堂造り成就仕候ニ付、
先達而入仏奉願」上候義ニ御座候間、何卒出格之以
御評議、入仏之義、御聞届被
仰附被下候様、此役偏ニ奉願上候、以上

瑞仙寺住職

明治五年壬申十一月　　山根諦聞　黒印

河野鳥取県権参事殿

前書之願出候ニ付此段申上候、以上

副戸長　岡本源蔵　黒印

壬申十一月廿七日　　同　宮本誠次郎　黒印

戸長　鹿島重好　黒印

河野鳥取県権参事殿

讃岐国金毘羅之祭神者、元来」大物主神ニ有之候ヲ、中古社僧之」私計ヲ以、仏之体裁ニ引移し」居候義ニ付、先般事比羅神」社と復古改正ニ相成候、当」金毘羅も全ク神仏混淆ヲ以」勧請致し候者勿論ニ候処、米子」近郷諸人之口碑等専ら神社と」崇敬致し、間ニ者祈禱ナト」相頼候趣も相聞へ、神仏御取分之」御趣意ニ致違背候ニ付、御魂迁之」式を以、仏体ヲ改替し、氏神勝田」社へ合祭可致旨、同社神官中へ」申付候間、所祭之像者、右神官へ」相渡し、従来之舎宇取払」可申事

鳥取県参事関　義臣　朱印

これは、先の史料Gで河野権参事から出された宿題に対する回答書である。これによれば、瑞仙寺はもと会見郡久坂村にあり、応永二年（一三九五）竺翁和尚によって開創せられた寺院である。竺翁和尚は翌応永三年に伽藍守護のため金毘羅大権現を勧請したが、その後山名家が久坂村に在城の折、兵火にかかって瑞仙寺の伽藍は悉く焼亡し、わずかに本尊と金毘羅大権現の二尊のみを戦火から守り、立ち退いた。こういう事情なので古い史料もなくどこから勧請したのかは皆目分からない。それ以降、元和年中（一六一五～二四）に現在地に引き移って来、金毘羅大権現も同様に当地に引っ越して来た。けれども金毘羅大権現については従来堅く開帳を禁ぜられて来たので、住職の諦聞自身も一度もそのお姿を拝見したことがなかった。そうしたところ、一昨年閏十月に寺院懸の役員方が出張して来られ調査された結果、その像容は全くもって仏体であるから、神号をとどめ仏号に改めよとの仰せを蒙り、大宝積経如来の説に基づき金剛拳大薩埵と改称した次第である。その際きちんと届け出もし、社殿造りも堂造りに変え、鳥居なども取り除き、神仏混淆するような紛らわしい点は一ヶ所もないはずである。あとはこのままでよいとのことであったので、工事に着手し、ようやくこのほど完成したため先達て入仏をお願いしたのである。何卒格別のご評議の上、入仏をお

聞き届け願いたい、と述べている。

前節棟札Eで「伽藍鎮護金毘羅大権現昔時雖不詳勧請于当山之年月日」とあったにもかかわらず、本史料では瑞仙寺開山の竺翁和尚が応永三年に伽藍鎮護のため勧請したと記しており、(14) 山名時代から既に瑞仙寺に金毘羅が祀られていたとする点、瑞仙寺の金毘羅は山名家の陣中守り本尊であったとする現存の寺伝が形成されつつあることが知られ興味深い。

さて、瑞仙寺住職山根諦聞のこうした願いに対して今度は鳥取県参事関義臣名で具体的な指示が届けられた。

讃岐国の金毘羅本社の祭神は、元来大物主神であったものを、中古社僧達が勝手に仏の体裁に改めたものである。したがって先般事比羅神社と復古改正になったのである。瑞仙寺の金毘羅も全く神仏混淆で勧請したのはあらためて言うまでもないところであるが、米子周辺の人々の間では専ら神社として信仰して来たと言っており、ましてや祈禱なども依頼していたと聞いている。これは新政府の神仏分離政策に完全に背くものであるから、御魂遷の式を執り行なって当地氏神勝田《かんだ》神社へ合祀するよう既に同神社の神官達に申し付けた。ついてはこれまで金毘羅として祀ってきた像を神官達に渡し、金毘羅を祀ってきた舎宇は毀つように、とその内容は瑞仙寺の嘆願とは全く相反するものであった。

ちなみに勝田神社は、中世には会見郡外江村（現、境港市）に鎮座していたと伝えられ、のち新屋村（現、境港市）、勝田山麓を経て天文年間（一五三二〜五五）、あるいは慶長十五年（一六一〇）に米子城主となった加藤貞泰によって、米子市博労町の現社地に遷されたという。米子城の鬼門鎮護の社として崇敬を集め、米子城下総産土神として〝勝田大明神〟とも称され、嘉永年中（一八四八〜五四）には米子一八町と弓ヶ浜部二八ヶ村を氏子としていた。(15)

【J】

伯耆国第八拾四区会見郡米子字寺町
千弐百八拾壱番地所
禅宗　瑞　仙　寺
仏体被仰付願
当寺へ
従前金毘羅大権現と唱候仏体」勧請之年月并准拠之義等、先達而」御尋被　仰附御答申上候処、」讃岐国金毘羅之祭
神元来」大物主神ニ付、先般事比羅神」社と復古御改正被　仰附居候」義ニ付、此度御魂迁之式を以、氏神」勝田社
江合祭可致旨、同社神官」中へ被　仰付候間、所祭之像、右」神官へ相渡し、従来之舎宇取払」可申旨被　仰付、恐
入奉畏候、右正体之義者仏体ニ而、既ニ去ル午閏十月」御改之筋、別紙之通被
仰附、基段奉畏、漸修覆出来仕居」候得共、此度被　仰附候通、右舎宇」不残取払、本堂ニ而朝夕香花」手向申度奉
存候間、右仏体何卒」拙僧へ被　仰附被為下候様奉歎願候、」尤一旦　御指令之儀ヲ奉歎願」候段、重て奉恐入候得
共、出格之
御評議を以、御許容被
仰附被為下候様、此段偏奉願上候、以上
瑞仙寺住職
明治六年癸酉一月廿日　山根諦聞　黒印
関鳥取県参事殿
明治三年午閏十月被　仰渡写シ

瑞　仙　寺

神仏混淆無之様、先達而従

朝廷被　仰出候ニ付、其寺内鎮守」左之通至急相改、其段可申届事

閏十月十日　　寺　院　懸

金毘羅大権現

右者仏体ニ付、神号ヲ廃止仏号ニ」相改、本堂江取入可申、尤鳥居を廃し、」跡堂造ニ取直し候間、少しも紛敷義」無之様致候へ者、別堂致し候とも可為」勝手次第事

瑞仙寺に金毘羅大権現と称する仏像を勧請した年月、これを金剛拳大薩埵と号を改めた根拠等については以前お答え申し上げたとおりである。讃岐国の金毘羅本社の祭神が元来大物主神で、先般事比羅神社と改称もされたのであるから、当寺の金毘羅についても御魂遷の式をもって氏神勝田社へ合祀すべきであると既に同社神官達にも伝えてあるので、金毘羅像を神官に渡し、舎宇は取り払えとの仰せたしかに承った。けれども金毘羅像が仏体であることは、明治三年閏十月の調査の際、別紙のように明らかとなっているはずである。舎宇については、ようやく修覆が出来たところで、残念ではあるけれども、このたびのご命令に従い残らず取り壊すので、何とか仏像だけは本堂に安置し朝夕香花を手向けてゆきたいと思う。一度出たご指令に背くようで誠に恐れ多いが、何卒仏像は私に下されたい、と懇願している。

参考のために瑞仙寺住職山根諦聞が付した明治三年閏十月十日付の寺院懸達書によれば、たしかに、瑞仙寺の金毘羅大権現像は仏体なので、神号を廃し仏号に改め本堂に安置せよ。鳥居を除き、堂造りに変え、神仏紛らわしくない

ようにすれば、金毘羅を本堂ではなく別堂に祀ってもよい、と指示を受けている。

【K】

伯耆国第八拾四区会見郡米子字寺町

千弐百八拾壱番地所

禅宗　瑞　仙　寺

歎願書御下ケ被

此度勝田社神官中江金剛拳大薩埵」之像差出シ、舎宇取払可申旨被

仰附恐入奉畏候、依之舎宇早々取払ニ」仕候間、右仏像拙僧へ被

仰附被為下候様、歎願書奉差上候得共、」一旦　御下知被　仰附候儀、奉歎願」仕候段、恐入奉存候間、何卒右歎願

書」御下ケ被　仰附被為下候様、此段偏ニ」奉願上候、以上

瑞仙寺住職

明治六年癸酉一月廿二日　　山根諦聞 黒印

関鳥取県参事殿

前書之通願出候ニ付、此段申上候、以上

癸酉一月廿三日　　戸長鹿島重好 黒印

書面願下ケ之趣聞届」候事

第一月三十日

鳥取県参事関　義臣　朱印

このたび勝田社神官達に金剛拳大薩埵の像を差し出し、舎宇を取り壊すよう、たしかに仰せを蒙った。舎宇は早々に壊すので、仏像だけは何とかお下げ渡しを被りたい、と先に嘆願書を提出したが、よくよく考えてみれば、一旦命令が下ったにもかかわらず再度の嘆願とは誠に恐れ多いことなので、先の嘆願書は願い下げにして欲しい、と記している。

これに対する関参事の返答は、願い下げを聞き届ける、と言う誠にあっさりとしたものであった。

【L】

伯耆国第八十四区会見郡米子寺町

千弐百八拾壱番地所

禅宗瑞仙寺

住職山根諦聞

当寺境内故金毘羅之像、去ル二月廿四日」勝田社神官江引渡シ候段、御届申上候、就而者、」跡堂取払可申之処、境内ニ観音堂大破ニ」およひ候分御座候ニ付、右観音ヲ金毘羅堂ニ」移シ、跡堂取払支度奉存候間、此度御聞届」奉願上候、以上

明治六年第八月九日

山根諦聞　黒印

三吉鳥取県参事殿

書面願之趣聞届候、尤」故鎮守跡之儀ニ付、世人」疑惑不致様、其筋潔白ニ」可致事

明治六年八月廿日

鳥取県権参事河野通　朱印

瑞仙寺境内で祀ってきた金毘羅像は、去る二月二十四日たしかに勝田神社神官に引き渡したのでご報告申し上げる。ついては、堂も取り壊すべきところであるが、境内の観音堂が大破しているため、観音堂に祀って来た観音像を金毘羅堂に移し、観音堂を取り壊すこととさせていただきたい。何とかご許可賜りたい、と申し述べている。宛名は関義臣にかわって明治六年五月二十九日付で新たに鳥取県参事となった三吉周亮。

これに対し、河野権参事名での回答は、願の趣は聞き届ける。ただし、何分にもこれまで鎮守として金毘羅を祀ってきた建物であるから、世間の者が戸惑うことのないよう、その点くれぐれも注意せよ、というものであった。

以上のような経過を経て、瑞仙寺の金毘羅は、同寺住職の必死の嘆願にもかかわらず、像は勝田神社に移されて合祀され、金毘羅堂は観音堂として存続することとなったのである。

長曽淑子さんのお話では、筆者が平成五年五月十九日に目にした金毘羅堂は大正四年の建立だったとのこと。かの金毘羅堂は平成六年四月に解体され、只今はかつての位置の向かい側にあたる山門を入って左手に、宝形造で一部旧材を用いて新築された。正面には二頭の龍の彫り物のついた篇額が懸けられ、「金毘羅大権現」の文字が新たに金色に塗り直されて輝いている。

瑞仙寺で金毘羅大権現として祀られてきた像は勝田神社に移されたあとどうなったのか、筆者が調査させていただいた十一面観音は、これまで開扉されることもなく金毘羅として信仰されてきたようであるが、この像が神仏分離の

際、最後に観音堂から移された観音像であったのか、また瑞仙寺境内にどういう経過で再び金毘羅堂が復活するに至ったのか、まだまだ興味はつきない。

おわりに

瑞仙寺の金毘羅について、棟札を史料に近世における経過を辿ったが、勧請年月は不詳ながら元禄三年(一六九〇)には既に金毘羅社が老朽化し、再建せざるを得ないほどの状況になっていることが知られた。金毘羅信仰の普及過程において一大画期とされる西廻航路の開航がそれを遡ること十八年前の寛文十二年(一六七二)であるから、瑞仙寺への金毘羅勧請はきわめてはやい事例といえよう。米子をもその領内とする鳥取藩が西廻航路開発以前の寛永十五年(一六三八)から既に大坂廻米を実施していた、そのことと関係があるのであろうか。

また、瑞仙寺の金毘羅を信仰する人々で講が結成され、それが米子城下十八町全域を組織していたこと、再興資金を集めるため瑞仙寺住職が会見・汗入両郡を行脚して勧進し、その結果両郡村々も米子十八町と肩をならべて瑞仙寺金毘羅社再興の願主となるまでに至ったことも明らかとなった。本稿冒頭で述べた、田村善次郎氏作の講分布図で米子周辺にきわめて濃密に金毘羅講が存在したのには、こうした背景があったのである。

最後に、瑞仙寺にも神仏分離の荒波が押し寄せ、瑞仙寺側の必死の嘆願にもかかわらず、何度かの問答の結果、遂に金毘羅大権現像が勝田神社に移され、合祀されるに至った事情を通観した。その際、讃岐・金毘羅本社の動向が大きく影響をおよぼしていることも知られた。

今回は、米子という山陰地方の一事例であったが、金毘羅信仰の普及過程には各地それぞれの事情がある。筆者はこれ迄大坂[16]・奈良[17]などの場合について考える機会をえたが、煩をいとわず各地の金毘羅分祀について現地調査を行なえば、金毘羅信仰の全国的な普及過程を丹念に跡づけることができるのではないかと思っている。今後、そうした成果が得られることを期待したい。

〔付記〕調査にあたっては、瑞仙寺ご住職長曽龍生師とご母堂淑子さんに大変お世話になった。また度々お電話にてご質問もさせて頂いた。末筆ながら感謝申し上げる。

〔註〕

（1）守屋毅「金毘羅信仰と金毘羅参詣をめぐる覚書―民間信仰と庶民の旅を考えるために―」（民衆宗教史叢書十九『金毘羅信仰』）

（2）『国史大辞典　第十巻』の「西廻海運」の項。

（3）『国史大辞典　第十巻』の「西廻海運」の項。

（4）田村善次郎「金毘羅信仰について」（『金毘羅庶民信仰資料集　第一巻』）

（5）瑞仙寺の歴史については『日本歴史地名大系　第三十二巻　鳥取県の地名』の「瑞仙寺」の項、ならびに米子仏教会編集・発行『よなごのお寺』を参照した。

（6）米子市教育委員会『米子の文化財』、米子市立山陰歴史館企画展図録『米子の文化財』

（7）大阪市立博物館特別展図録『日本の古鏡―女装美のプロデューサー』

（8）米子仏教会編集・発行『よなごのお寺』

（9）米子市教育委員会『米子の文化財』、米子市立山陰歴史館企画展図録『米子の文化財』

（10）米子市教育委員会『米子の文化財』

（11）この「宮庄屋」は、後述する米子城下十八町の総産土神・勝田神社の「宮庄屋」を意味している可能性もある。勝田神社の「宮庄屋」は十八町総町から選出された（『日本歴史地名大系　第三十二巻　鳥取県の地名』の「勝田神社」の項）。

（12）この諦関は、先の什物帳で「当山廿二世」と記された「諦関」と同一人物である。棟札Dおよび後掲の棟札Eからして文政二年（一八一九）当時諦関は本宗後継の瑞仙寺二十一世の座にあったことは恐らく間違いない。それが後年何らかの事情で途中に一代住職を追加することになり、彼は二十二世を称するに至ったのであろう。この点については瑞仙寺ご住職長曽龍生師のご教示を得た。

（13）讃岐・金毘羅本社の神仏分離の経過については、琴陵光重『日本の神社7　金刀比羅宮』に拠った。

（14）第二節で記したように竺翁仲仙による瑞仙寺開山は永享十一年のことで、本願書における応永二年説は、これを四十四年も古く遡らせるものである。

（15）勝田神社については、『日本歴史地名大系　第三十二巻　鳥取県の地名』の「勝田神社」の項、ならびに『神社大観』を参照した。

（16）拙稿「近世大坂周辺地域における金毘羅信仰の展開」（大阪府教育委員会『歴史の道調査報告書　第七集　宗教の路・舟の路』、本書第一部第一章）

（17）拙稿「近世奈良の金毘羅信仰と十念寺」（香川県文化財保護協会『文化財協会報』平成五年度特別号、本書第二部第二章）

第四章　豊臣秀吉が信仰した⁉金毘羅大権現像
――伏見・宝福寺――

1

大坂城を拠点に全国統一を成し遂げ、関白・太政大臣に任官するとともに「豊臣」の新姓を賜り、関白公邸として京都に建造した聚楽第には後陽成天皇の行幸を仰ぐなど、栄耀栄華を恣《ほしいまま》にした秀吉にも弱点はあった。それはいうまでもなく、織田信長配下の長浜城主時代に側室南殿との間に儲《もう》けたと伝えられる秀勝（石松丸）以外に実子に恵まれなかったことで、天正十七年（一五八九）秀吉五十三歳にしてようやく得た愛児鶴松（棄丸）も同十九年わずか三歳で夭逝してしまった。失意のどん底に陥った秀吉は、同年十二月二十七日甥秀次に関白職を譲り、自らは隠退して太閤と称した。

この太閤秀吉の隠居城として築かれたのが伏見城で、はじめ指月の岡に築城されたが、文禄五年（＝慶長元年〈一五九六〉）閏七月に畿内を襲った大地震で全城壊滅に追い込まれたため、指月よりやや東北寄りの木幡山に再度築き直され、慶長二年五月には天守・殿館など主要建造物が竣工した。

同年十月には茶亭学問所も完成をみているが、秀吉に近侍した五山僧西笑承兌《せいしょうじょうたい》（相国寺九十二世〈一五四八～一六〇七〉）は、この茶亭学問所について、「門内ニ入レバ即チ高堂有リ、之ヲ名ケテ学問所ト為ス。大相国《（秀吉）》箇《コ》ノ中ニ坐シ有道ノ名士ヲ集メテ、茶経ヲ談ジ、茶器ヲ翫ビ、茶ノ香色ヲ論ジ、風味ヲ賞ス。是ニ於テ学問之徒ハ珍器ノ取捨、瓶花ノ生枯、床上ノ字書、座中ノ進止、此道ヲ究尽セント欲ス。難イ哉其ノ玄奥ニ臻《イタ》ルコト」(「茶亭学問所ノ記」)と記している。すなわち、秀吉はこの茶亭学問所において村田珠光(一四二三～一五〇二)以来の様々な流派の茶の湯の比較検討と集大成を行ない、最良の点前《てまえ》を工夫して、その流行を図ったのである。(1)

承兌が記した日記「日用集」(『鹿苑日録』)慶長二年十二月十一日条に、「斎了致殿中。赴有楽可相待之由御諚也。有御使。赴学問所。有雲門。四方之御座敷一々見之。舟入御殿。太閤有召具同伴。宮殿華麗。以短筆難写之。非杜牧賦阿房之筆力。争形容之。無夜話。初更帰来」と記されるように、茶亭学問所は、楼門をくぐると中央に高堂があり、その四隅に数奇屋を配するといった様相を呈していたらしい。四隅の数奇屋にはそれぞれ「さらしなや　おじまの月も　よそならぬ　ただふしみ江の　秋の夕ぐれ」(辰巳)、「ながむれば　宇治の川瀬の　朝ぎりに　遠ざかりゆく船をしぞおもふ」(未申)、「あはれてふ　柴の庵の　さびしきに　たそやそぞろに　山おろしの風」(戌亥)、「ふしみ江や　かりねの床の　夢さめて　なくかなかぬか　雁の一つら」(丑寅)という秀吉自詠の和歌がかけられていたと伝えられ、このうち辰巳と戌亥の二幅が現存している。(2)また現在国宝の指定を受けている竹生島の都久夫須麻神社本殿は、茶亭学問所中央高堂の遺構と推定され、同じく国宝指定の京都・高台寺の傘亭は、四隅の数奇屋いずれかの遺構ではないかと考えられている。

2

さて、先の「日用集」で承兌が、茶亭学問所四方の座敷を一つ一つ見て廻った後、秀吉に伴われて「舟入御殿」に行き、その宮殿の華麗さは筆舌に尽くしがたい、と述べたように、茶亭学問所の麓には、宇治川の水を引き込んだ御舟入があり、そこには大坂・伏見間を往来する秀吉の御座舟が繋留されていた。茶亭学問所もこの御舟入の構内に営まれたため別名「御舟入学問所」と呼ばれた。

筆者の勤務する大阪城天守閣では、平成四年二月に青山学院大学名誉教授櫻井成廣先生から、これら茶亭学問所・御舟入・御舟入御殿などを描いた「茶亭学問所図屏風」六曲一双をご寄贈いただいたため、そこに描かれた諸建造物・景観などについて詳しく調査する機会を得た(3)。

その過程で、思いもかけず、現在京都市伏見区帯屋町の宝福寺に祀られている金毘羅大権現像は、かつて秀吉が帰依し、伏見城茶亭学問所において祀っていたもので、元和六年(一六二〇)伏見城取り壊しの際、伏見町奉行の任にあった山口駿河守直友(一五四六〜一六二二)によって同寺に移された、との伝承があることを知った。

以来、一度その金毘羅大権現像をこの目でたしかめてみたいと思い続けていたが、近距離にあるにもかかわらず多忙に取り紛れなかなか果たせず、ようやく平成七年四月二十二日に宝福寺を訪れることが出来た。

京阪電鉄伏見桃山駅から西に大手筋のアーケードを抜け、新高瀬川に架かる新大手橋の少し手前を北に二〇〇メートルほど入ると左側に「宝福禅寺」の看板が見える。宝福寺は曹洞宗の寺院で、西向きに境内に入ってゆくと正面に庫裡、その左手に本堂があり、その左手前に北向きに金毘羅堂が建っている。正面上部に朱塗の大きな天狗面の懸けられた金毘羅堂は昭和四十八年に再建されたものである。

堂正面には「正徳二壬辰歳(一七一二)霜月吉日　御賽前施主風呂屋町　行者講中」と刻まれた手水鉢が据えられているが、これがもともと金毘羅堂のために奉納されたものかどうか判断はできない。

手水鉢の左手奥には頭部尖塔形の石柱があって、それには「㊎　金毘羅大権現」(正面)、「明治四十二年三月」(右面)、「伏見勇山　小畑岩次郎」(裏面)と刻まれていた。

そのさらに奥、すなわち金毘羅堂に最も近い位置に左右一対で金毘羅燈籠がたち、左右いずれも、「金毘羅大権現」

（竿正面）、「文化十一年甲戌歳（一八一四）三月下旬」（竿裏面）、「十方施主」（基礎正面）と刻まれ、金毘羅堂に向かって左のものには基壇右面、同じく右のものは基壇左面に「世話人　富田屋作右衛門　富田屋忠兵衛　大和屋忠兵衛　河内屋庄五郎　高嶋屋源助　丹後屋宇之助」と記されている。また左右両方とも基壇には多数の町人の名も記されている。

残念ながら金毘羅大権現像そのものは秘仏となっていて毎年五月の第一日曜日のみ開扉されるため、この日は拝観かなわずに終わった。

3

さて平成七年は五月七日が第一日曜日だったため、この日に再び宝福寺を訪れた。開帳は午前九時から午後四時迄行なわれ、ちょうど筆者が訪ねた午後三時頃は供養の真っ最中で、大般若経の転読などが行なわれていたが（写真）、供養終了後金毘羅堂内に入らせていただいた。

堂内正面最上段の厨子が開扉され、その中にさらに小さな厨子入の金毘羅大権現像が祀られていた。岩座の台座で狐に乗り、面相は烏天狗で羽根を有し、左手には剣、右手には索を持つ火焔光背の二臂像であったが、これは不動明王と稲荷大明神とをあわせ表現した、他に類例を見ない「合体金毘羅尊」であるとされる(4)。しかし既に野口一雄氏が山形県内に遺る金毘羅大権現像の事例をあげて述べられたように(5)、狐に乗ったこのような金毘羅大権現像はとりたてて珍しいものではなく、むしろ江戸時代の金毘羅大権現像としてはごく通例の形式とさえいってよいものなのである。それを敢えて「不動明王(6)と稲荷大明神との合体金毘羅」などと喧伝したのは、ひとつには当地伏見が全国三万余を数える稲荷社の総本宮伏見稲荷大社の鎮座地であることと多分に関係があるのであろう。

金毘羅大権現像の開帳が行なわれた日の宝福寺金毘羅堂
（平成7年5月7日）

この金毘羅大権現像の下段には、象頭人身の男女二天が抱合する双身歓喜天像がやはり秘仏として祀られ、その両脇には朱塗の天狗面二面も祀られている。

さらにその両脇には、鎌倉時代俊乗坊重源（一一二一〜一二〇六）に請われて東大寺の大仏再興に従事し、〝東大寺惣大工〟とも称せられた宋人・陳《ちん》和《な》卿《けい》（生没年不詳）作と伝えられる羅漢像二躰が一際異彩を放っているが、堂内にはこの他、正面向かって左手前に、実子に恵まれなかった秀吉がその霊験によって側室淀殿との間に嫡子秀頼を得たという、陰陽石が祀られている。元来伏見城茶亭学問所の金毘羅堂前に置かれていたが、元和六年金毘羅大権現像とともに当寺に移されたと伝えられ、陰石を男性が、陽石を女性がそれぞれ相互に跨《また》ぐと子供が授かると、現在でも多くの人々から信仰されていて、筆者が訪れた五月七日にも、結婚して一年半、いまだに子供が出来ないという夫婦一組が来寺され、この陰陽石に子授け祈願をして帰られた。

堂入口上方の朱塗の大天狗面も長大な鼻を男性器に見立てて信仰されているというから、陰陽石といい、双身歓喜天といい、宝福寺金毘羅堂は子授け成就の信仰を集めている点が注目される。

宝福寺はかつて「木挽町の金毘羅さん」として親しまれていたようだが、「木挽町」の名はこの宝福寺周辺に高瀬川を航行する高瀬舟の船頭達が住んでいたことに由来する。(7)

高瀬川は角倉了以(一五五四〜一六一四)によって開削され、慶長十九年に竣工した河川運河で、二条橋上流で鴨川から分水し、伏見にて宇治川に合流する。この高瀬川の完成によって京都と大坂は水路で結ばれることになり、江戸時代の伏見はその中継的な商業交易都市として繁栄したわけであるが、筆者は、そうした伏見の都市としての性格が水上守護の神・金毘羅の勧請を促したと考えたい。つまり、金毘羅信仰の普及時期からしても「秀吉帰依」はあまりにも早すぎるのであって、やはり一八〇〇年前後の勧請(8)を想定するのが妥当ではないかと考えている。だとすれば、文化十一年の年紀を有する金毘羅堂前の一対の金毘羅燈籠は、金毘羅勧請時、そうでないとしても勧請からそう遠く隔たっていない時期に建立されたものと考えてよいであろう。

それを、秀吉にまで遡って由緒を求めたのは、ちょうど狐に乗った金毘羅大権現像を「合体金毘羅尊」などと伏見稲荷大社と関連づけたのと同様、天下統一の覇者・秀吉が当地伏見城の築城者で、しかも伏見城にはそれを祀るにふさわしい御舟入が存在していたからだと思われる。その結果、「秀吉帰依」の金毘羅大権現は、実子に恵まれなかった秀吉に、嫡子秀頼を授けた霊験あらたかな神様としての信仰を派生させることになり、遂に高瀬川・淀川舟運の水上安全を祈るべく勧請されたはずの金毘羅が、子授け祈願の神へとその信仰内容を変質させるに至ったのであろう。

最後に一つだけ付け加えておきたいことがある。それは、今回の宝福寺もそうであったが、各地の金毘羅分祀を訪ねて話をしていると、ほとんどどこでも「うちの金毘羅は讃岐の金毘羅さんとは関係ないと聞いています」とおっしゃることである。もちろん各地の金毘羅分祀が、讃岐の金毘羅本社の信仰が全国的に普及したため成立したことは全く疑いの余地がないわけであるが、にもかかわらず皆異口同音にそれを否定されるのは、江戸時代金毘羅別当金光院が「金毘羅大権現者為讃岐国所在之一社者不在于他」といういわゆる〝日本一社の綸旨〟を楯にとって各地の金毘羅を〝贋開帳〟として取り締まった(9)、その後遺症であるように感ぜられてならないのである。

〔註〕

（1）煩を避けるため一々あげないが、茶亭学問所に関する記述は、櫻井成廣『豊臣秀吉の居城　聚楽第・伏見城編』および同『戦国名将の居城　その構造と歴史を考える』に拠るところが大きい。
（2）桑田忠親『豊臣秀吉』
（3）「平成三年度収蔵資料紹介」（『大阪城天守閣紀要』二一）の内、「b15　茶亭学問所図屏風」の項（筆者執筆）
（4）山本眞嗣『京・伏見歴史の旅』
（5）野口一雄「金毘羅権現像を考える」（『ことひら』四四、のち同著『山形県の金毘羅信仰』所収）
（6）讃岐本社の金毘羅大権現の本地仏が不動明王とされたことについては、岡西惟中『一時随筆』、『象頭山志調中之鹿書』のうち「権現之儀形之事」などに見える。なおこの点については、拙稿「近世大坂周辺地域における金毘羅信仰の展開」（大阪府教育委員会『歴史の道調査報告書　第七集　宗教の路・舟の路』、本書第一部第一章）ならびに拙稿「岡山市・西大寺鎮守堂安置　金毘羅大権現像の履歴」（『ことひら』五五、本書第四部第九章）を参照されたい。
（7）高瀬舟を陸で牽引する労働者のことを「木挽」と呼んだ（山本眞嗣『京・伏見歴史の旅』）。
（8）一八〇〇年前後に金毘羅信仰の普及が第一回目のピークを迎えることについては、拙稿「近世大坂周辺地域における金毘羅信仰の展開」（前掲）を参照されたい。

（9）　松原秀明「日本一社と幕府祈願所」（『ことひら』四五）

第五章　関ヶ原古戦場に祀られた金毘羅

1

大阪城天守閣学芸員という職業柄、豊臣秀吉とその時代に関する資料調査や特別展の出品交渉、資料の借用・返却など様々な用で全国を出廻ることが結構多い。そうした旅の途中、思わぬところで金毘羅分祀や金毘羅燈籠に出くわすことがある。今回紹介する関ヶ原古戦場に祀られた金毘羅もそうした内の一つである。

2

秀吉死してほぼ二年を経た慶長五年（一六〇〇）六月十六日、前年八月の帰国以来、領内諸城砦の修復、兵器の整備、兵士の徴募など不穏な動きを見せ続ける会津の上杉景勝征討のため、徳川家康は大軍を率いて大坂城を発した。この機に乗じて石田三成は、増田長盛・安国寺恵瓊・大谷吉継と議して、家康・景勝とともに豊臣家五大老の一人である安芸・広島一一二万石の太守毛利輝元を盟主に担ぎ出し、反家康勢力の結集をはかった。輝元が大坂城西の丸に入った同年七月十七日には、「内府ちか《（違）》ひの条々」と題して、故太閤秀吉の遺言に背いた家康の非行を一三ヶ条にもわたって列挙し、前田玄以・増田長盛・長束正家の豊臣家三奉行連署で諸大名に檄文を発した。三成方西軍は手始めに家康の臣鳥居元忠の守る伏見城を血祭りに上げ（八月一日落城）、その勢いをかって八月二十六日には、毛利秀元・長宗我部盛親ら三万余の大軍が富田知信・分部光嘉の籠る伊勢・安濃津城を攻略し、さらに九月十三日には、小野木公郷らが細川幽斎守る丹後・田辺城を開城させた。この間、三成自身は八月九日に居城佐和山を出陣、美濃・尾張方面を押さえるべく翌十日には最前線の大垣城に入った。

一方家康は七月二十四日には下野国小山に着陣していたが、この陣中に上方情勢の危急を知らせる鳥居元忠からの使者が到着した。翌日従軍諸将と緊急の軍議を開いた家康は、反旗を翻した三成を討つことを宣言。かねてより三成とは折り合いの悪かった福島正則・池田輝政・黒田長政・浅野幸長・細川忠興ら豊臣恩顧の諸大名も次々にこれに賛意を表し、衆議は家康支持で一決した。小山から東海道をとって返した東軍諸将は、八月十四日にひとまず福島正則の居城、尾張・清洲城に集合し、同二十三日には信長の嫡孫織田秀信の守る岐阜城を福島隊・池田隊がわずか二日で落城させた。東軍はそこから大垣城とは四キロしか離れていない美濃・赤坂に集結。目の前に大軍が迫って慌てた三成の要請を受けて西軍諸将も関ヶ原近辺に参集。こうした中、九月一日家康はようやくその重い腰を上げて江戸城を出発し、東海道を上って決戦の前日、十四日に赤坂の岡山頂上の本営に入ったのである。

翌十五日、三成方西軍八万二〇〇〇、家康率いる東軍一〇万、総勢二〇万にもなんなんとする大軍がこの狭隘な山間の地にひしめきあった。戦いは午前八時頃に始まり、東軍に内通したり傍観を決めこむ武将の多い西軍も石田隊・大谷隊・宇喜多秀家隊らが奮戦し、一進一退の攻防がおよそ五、六時間にもわたって繰り広げられたが、松尾山に陣取った小早川秀秋隊の裏切りを転機に東軍が地すべり的大勝利を得た。そしてこの関ヶ原合戦に当時讃岐一国を領していた丸亀城主生駒親正（一五二六～一六〇三）の嫡男一正（一五五五～一六一〇）も、父と袂を分かって東軍として参戦していたのである。

3

こんにち関ヶ原古戦場を訪れると、「史蹟関ヶ原古戦場　開戦地」「史蹟　関ヶ原古戦場　決戦地」といった石碑が各所に建てられ、徳川家康・石田三成・宇喜多秀家といった東西両軍の主だった武将の陣所跡には石標の他に家紋入りの幟もたてられて、われわれにこの前後未曾有の凄絶をきわめた激闘の様を偲ばせてくれる。そうした内の一つ、東軍の黒田長政・竹中重門が陣を張った丸山は、戦場を一望のもとに見渡せる好適地で、開戦の狼煙もここからあげられたが、この「丸山狼煙《のろし》場」に何と驚いたことに金刀比羅神社が存在するのである（写真）。社殿は正面に㊎とあり、その中にさらに扉左右に㊎と刻まれた小祠が祀られている。社殿に至る石段上下には、それぞれ常夜燈が二基ずつ建てられているが、石段下向かって左のものに、「大正十年二月建立」とあるようにいずれもそんなに古いものではない。

関ヶ原古戦場に祀られた金毘羅

ところで、社殿内に貼られた「金刀比羅神社由緒書」（以下「由緒書」と略す）によると、慶長五年九月十五日の決戦に東軍として参戦した生駒一正はこの丸山に布陣し、讃岐から携えて来た金毘羅神を松ヶ枝に懸けて戦勝を祈願した。戦後地元の村人たちが、この戦いの犠牲となった将兵や村民の霊を慰めるため、一正から神像をもらいうけて祀ったのがこの金刀比羅神社の始まりだというのである。ここから話は一気に幕末まで飛んで慶応年間（一八六五～六八）に当地関ヶ原村の庄屋古山一八が、おそらくいたく金毘羅を尊崇していたのであろう。社殿を改築し境内に別宅を設け、そこに住んだと伝えられる。その後、明治以降は商売繁盛の神として関ヶ原村全域から厚き信仰を集め、金刀比羅講も組織されて毎年十月十日の大会式の際には必ず代参者が讃岐の本社に参拝して神符をもらいうけてきたという。明治三十七年八月にあらためて社殿の再興がなされ、現在地への遷座は大正八年になってからとのことである。現在みられる常夜燈・石段・玉垣は、石段下の常夜燈銘文と同年の大正十年十月一日に造営されたと記されている。同じく「由緒書」によれば、現在、文久元年（一八六一）十月十日付の「奉再造金毘羅大権現社　興禅大之叟謹記」、慶応二年（一八六六）三月十日付の「奉再造金毘羅大権現社興禅大之叟謹記」という二枚の棟札が遺されているそうであるが、後者の慶応二年のそれが関ヶ原村の庄屋古山一八によって再建された時のものにあたるのであろう。また文久元年段階で既に「再造」とあることから、これより以前に既に金毘羅が当関ヶ原村において祀られていたことは間違いなさそうであるが、「由緒書」の如く、その起源を関ヶ原合戦の慶長五年まで遡らせることはおそらく不可能で、実際には金毘羅信仰が全国的展開をみせる江戸時代後半になって祀られ始めたと考えておそらく誤りないと思う。「由緒書」が関ヶ原合戦と幕末の間を埋めることができないでいるのも、そこに理由が求められるのであろう。ただ当地と金毘羅を結びつける存在として、関ヶ原合戦に参戦した生駒一正に白羽の矢を立てたこと自体は、当地ならではのこととして、誠に興味深く感じられるのである。

〔参考文献〕

『歴史群像シリーズ④　関ヶ原の戦い〔全国版〕史上最大の激突』
『戦国合戦絵屏風集成　第三巻　関ヶ原合戦図』
大阪城天守閣『生誕四〇〇年記念特別展　豊臣秀頼展』

第三部　金毘羅参詣ルートの変遷

第六章　河内国三日市宿と金毘羅参詣者

1

筆者は、大阪府教育委員会が平成三年三月に刊行した『歴史の道調査報告書　第七集　宗教の路・舟の路』に、「近世大坂周辺地域における金毘羅信仰の展開」（以下、「前稿」とする）と題して一文を執筆した。(1) 京都・江戸とともに三都と称され、金毘羅舟の発着港ともなった近世大坂に視点を据えて金毘羅信仰の普及過程を考察したものであるが、この時拙文を一読いただいた山口之夫先生（元浪速短期大学教授、河内長野市史執筆委員）から興味深い史料のご教示を得た。本章ではこの史料を紹介させていただくこととする。

2

河内平野には、合計四本の高野山への参詣道が通じている。京都府八幡市の石清水八幡宮の麓を起点として大阪府の枚方市に入り、生駒山脈の西山麓を南北に真っ直ぐ、交野市・寝屋川市・四条畷市・大東市・東大阪市・八尾市・柏原市と通過し、そこから藤井寺市・羽曳野市・富田林市を経て河内長野市に至るのが東高野街道。

これに対し西高野街道は、堺市の中心、大小路《おおしょうじ》を起点として、途中大阪狭山市を通過し、河内長野市の長野町で東高野街道と合流する。平安時代後期の院政期に鳥羽・後白河・後鳥羽上皇らが高野参詣に用いたのはこの西高野街

図1　宿場町の面影を色濃く残す三日市町

図2 「西　是ヨリ高野山女人堂江八里」「北　従是三日市宿」と記された安政4年(1857)建立の道標

道で、東高野街道は当時京の都から紀伊国へと向かう官道「南海道」であった[2]。

さて、この東高野・西高野の二本の間に、中(上)高野・下高野の二街道が存在する。

まず中高野街道は、大阪市天王寺区の四天王寺南大門前から奈良へと向かう亀瀬越《かめのせごえ》大和街道(奈良街道)と平野《ひらの》区の平野で分岐し、松原市・堺市美原区・大阪狭山市を経て、河内長野市の楠町で西高野街道と合流する。

起点となった平野(平野郷)は、平安時代初頭の征夷大将軍として名高い坂上田村麻呂(七五八〜八一一)の子広野麻呂によって開発されたと伝えられ、広野麻呂の「広野」が訛って「平野」になったという。広野麻呂の子孫はその後も繁栄し、本家の坂上家(平野殿)を「七名家《しちみょうけ》(七苗家)」と呼ばれる末吉・土橋・辻花・成安・西村・三上・井上の七つの分家が支え、平野郷の政治を行なった。七名家筆頭の末吉家は戦国・織豊期には東・西二家に分かれ、西末吉家からは朱印船貿易で著名な末吉孫左衛門吉康（一五七〇〜一六一七）を輩出した。(3) 戦国時代から織豊期にかけて、平野は、堺とならび称されるほど、自治都市・商業都市として栄えたのである。

この平野を起点とする中高野街道は、御室御所仁和寺の覚法法親王が久安四年（一一四八）閏六月の高野山参詣の際にこの道を利用したことで知られ、やはり平安期から高野山参詣に利用された古い街道であった。

最後の下高野街道は、四天王寺を起点として、天王寺区から阿倍野区・東住吉区を経て松原市に入り、堺市の北区・東区・美原区を通過して大阪狭山市の狭山で中高野街道に合流する。元来は中高野街道の枝道であったと位置づけられる。(4)

河内長野市の長野町で最終的に一本となった高野街道は、紀見峠を越えて和歌山県の橋本市に入り、そこから高野山上へと向かう。三日市宿（河内長野市三日市町。図1・2）は、河内と紀伊の国境紀見峠から三里手前にあり、享和元年（一八〇一）刊行の秋里籬島著『河内名所図会』は、その賑いを次のように記している。

> 三日市駅《みつかいちえき》（京師・難波よりの高野街道《こうやかいどう》なり。旅舎《たびや》多くありて、日《ひ》の斜《なな》めなる頃より、出女《でをんな》の目さむるばかりに化粧《けはひ》して、河内島の着ものに忍《しの》ぶ染《そめ》の拖欄《まへだれ》美《いつく》しく、往《ゆ》きかふ人の袖《そで》引き、袂《たもと》をとどめて、一夜の侍女となる事、むかしよりの風俗《ならはし》とかや）(5)

3

江戸時代、関東・東北など東国から伊勢参宮の旅に出た人々が遺した道中記多数を分析された小野寺淳氏は、それらが、往路東海道を利用して伊勢参宮を果たし、そこから奈良・大坂・京都の市中見物を行なった後、復路は中山道

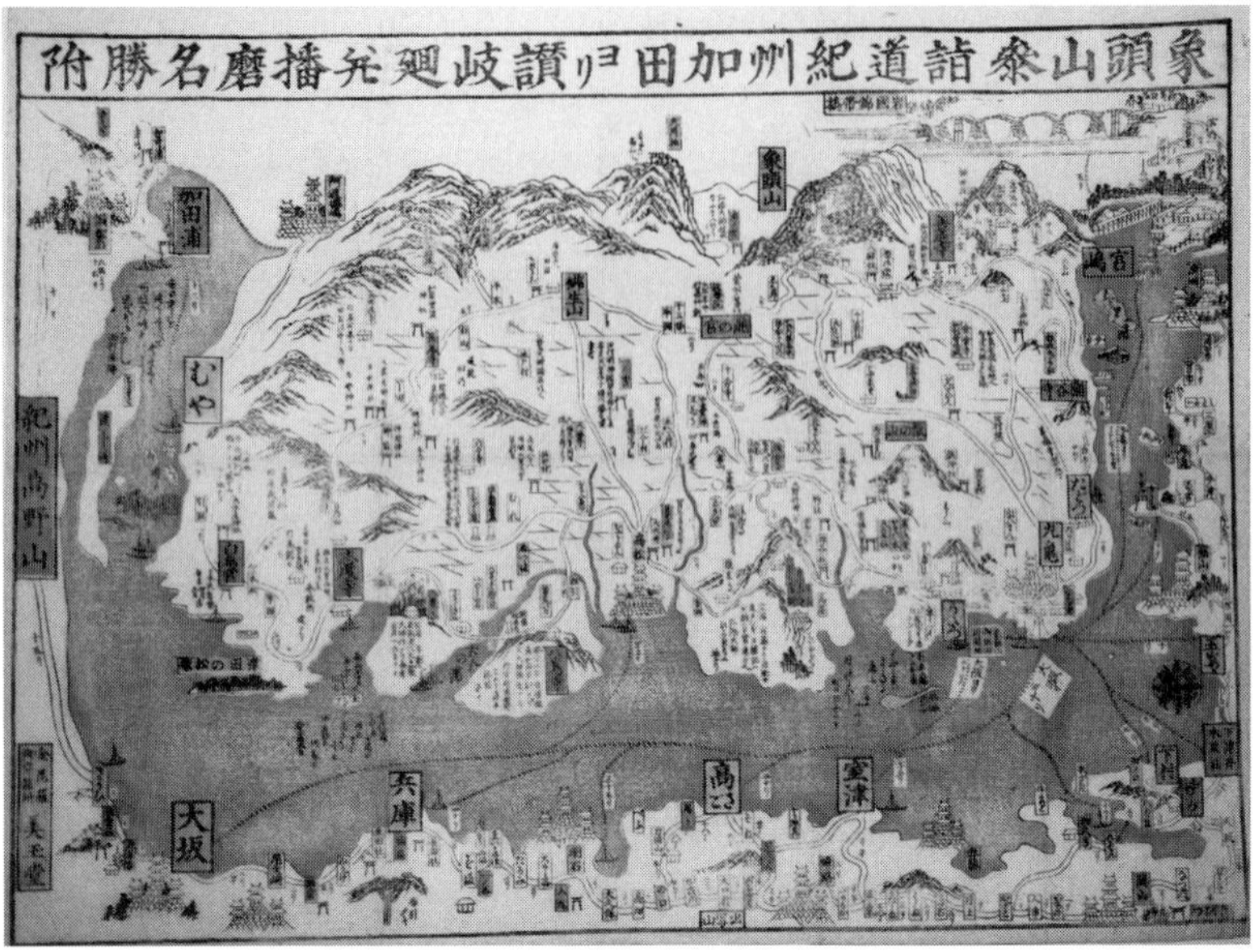

図3　「象頭山参詣道紀州加田ヨリ讃岐廻并播磨名勝附」美玉堂版（灸まん美術館蔵）

を辿る「伊勢参宮モデルルート」と、同じく往路に東海道を用い、伊勢参宮の後は一番那智山から三十三番谷汲山まで西国三十三ヶ所の巡礼を行ない、やはり中山道を復路とする「伊勢＋西国巡礼ルート」の二つに大別できることを明らかにされた(6)。金毘羅信仰の全国的普及にともない、両ルートとも一八〇〇年前後から金毘羅参詣を加え（「普及型」）、さらに安芸の宮島・岩国の錦帯橋見物を加えたコース（「拡張型」）が成立する。

筆者も前稿の中で、東国からの道中記(7)二六点について、この小野寺氏の分類に従い、西国巡礼をともなうケース一五例とともなわないケース一一例に分けて、金毘羅参詣ルートの考察を行ない、前稿の〈表1〉〈表2〉に、四国への渡海地、四国での着船地、本州への渡海地、本州での着船地の欄を設け、それぞれ地名および同地での舟宿を知り得る範囲で明示した。

詳細は前稿をご覧いただくとして、西国巡礼をともなうケースについては、当然ながら西国巡礼の途中で四国に渡り、金毘羅参詣を果たしたのち、再び西国巡礼の旅に復帰しなければならないという制約があるため、四国への渡海地は、播磨国の高砂もしくは室津、あるいは備前国児島半島の下津井および下村[8]に限られるという結果が導き出された。

一方、西国巡礼をともなわない場合は、児島半島の下村・田ノ口の他、同じ備前の片上、また大坂から乗船するケースが見られ、それ以外に紀伊国加太から出船したケースが一一例中三例も確認され、注目された。播磨国高砂や室津、備前国下津井や下村・田ノ口・片上、あるいは大坂から乗った場合でも舟は全て讃岐国丸亀に着くのに対し、加太からの場合は阿波国撫養《むや》に着船するので、四国に渡ってからの金毘羅参詣ルートにも大きな違いが生じるのがこのコースの特徴である[9](図3)。

4

さて筆者が、加太~撫養ルートの利用を確認した三例は、天保十五年(一八四四)と嘉永三年(一八五〇)、他の一例は年次不詳であったが、このルートは金毘羅参詣のコースとしては割合新しく開発されたものであったらしい。嘉永五年(一八五二)三月十六日付で河州錦部郡三日市駅の駅役人武兵衛と庄屋五兵衛・安右衛門の三人が連名で大坂西町奉行所に提出した「乍恐奉願上候口上」[10]に「近年高野山ゟ紀州か(加)太浦、夫ゟ阿州むや江新規之渡海船ヲ拵」と記されるのがその証拠であるが、別の意味でもこの史料は大変興味深い情報を提供してくれているので、ここに該当部分を煩をいとわず掲載することとする。

一、当駅之儀者過半旅籠屋并往来稼仕候而、往古ゟ御用向相勤来候駅所ニ御座候、外ニ助成ニ可相成儀一切無御座候、然ル処、東国筋ゟ伊勢参宮、夫ゟ大和名所を廻り、紀州高野山ゟ大坂江罷出、讃州金毘羅江参詣仕候旅人者、悉く先年《前》ゟ当駅ヲ通行仕候処へ、近年高野山ゟ紀州か(加)太浦、夫ゟ阿州むや江新規之渡海船ヲ拵、四国路ゟ金毘羅江之道法取縮メ、又当駅大坂江掛り、播州路江之本道之道法者相延し、判摺之絵図面・道中記を新規ニ諸国江相弘メ、右ニ付、西国・中国・四国路之旅人も、金毘羅ゟむや・かた浦江渡り、高野山、夫ゟ大和名所廻り・伊勢参宮仕、京・大坂江罷出、播州路ゟ国元江罷帰り申候、右様諸国参詣仕候旅人之向者、多分新規之閑道江罷通り、高野山本道之当駅者御用通り而已ニ相成、実々困窮仕詰、難渋之駅所ニ相成候、乍恐御憐察奉願上候

つまり、三日市宿は、東国から伊勢参宮を果たし、大和の名所巡りをしたのち高野山に詣で、それから大坂に出て金毘羅参詣に向かう旅人(11)が悉く通過するため大層な賑わいをみせていたが、近年になって高野山に詣でたのち、紀伊国加太浦から阿波国撫養へと向かう渡海船が新たに就航し、それればかりか、このルートを使って金毘羅参詣をする場合の距離を実際より短く記し、逆に高野山から三日市を経て大坂へ行き、それから播磨国を通って四国へ渡る本来の金毘羅参詣ルートは実際の距離よりも長く記した絵図・道中案内記が出版され、全国に向けて頒布されたため、東国からの金毘羅参詣者だけでなく、西国・中国・四国から伊勢参宮に向かう旅人さえも、金毘羅参詣ののち撫養から加太へと渡り、高野山に詣で、それから大和名所巡りをし、伊勢参宮を果たし、京・大坂の市中見物をして、播磨国を通り国元へと帰ってしまうので、三日市宿を通行する旅人は極端に減少し、大変難儀している、と訴えているのである。

三日市宿が訴えたとおり、加太〜撫養ルートに金毘羅参詣客を導くため、不当に距離を操作した絵図・道中案内記が出版されたのかどうかについては、次章であらためて検討するが、前稿で、西国巡礼をともなわない一一例のうち、加太〜撫養ルートの利用者が三例も確認できたことよりして、このルートの新規開発が三日市宿に与えた影響の少なくないことは容易に想像される。

既に筆者は、前稿の中で、大坂の有名店ガイドである弘化三年(一八四六)刊の『浪華買物独案内(12)』や慶応三年(一八

六七)刊の『増補浪花買物独案内』[13]で、宿屋の項目を引くと、間違って金毘羅舟出船所を引いたのかと錯覚するほど、各宿とも金毘羅舟の出船所であることを強くアピールしていると指摘しておいた。すなわち、幕末頃の大坂にとって金毘羅参詣客がいかに重要視されていたかが知られるわけであるが、そうした金毘羅参詣客の占めるウエイトの大きさは三日市宿とて同様であったと推測されるから、加太～撫養ルートに客を奪われ、その数が大幅に減少したことは、三日市宿にとってかなりの大打撃となったであろうことは疑いないと思われるのである。

〔註〕

（1）本書第一部第一章

（2）堀内和明「文献・記録から見た中世前期の西高野街道」（大阪府教育委員会『歴史の道調査報告書　第二集　高野街道』・同「中世前期の高野参詣とその順路」（『日本歴史』六一九）

（3）『平野郷町誌』、平野区誌編集委員会編集『平野区誌』近世一章一節「末吉家の躍進」（宮本裕次執筆）

（4）以上の高野街道に関する記述は、先の堀内論文の他、棚橋利光「高野街道の歴史的概要」（大阪府教育委員会『歴史の道調査報告書　第二集　高野街道』）を参考とした。

（5）「河内名所図会」（『日本名所風俗図会十一　近畿の巻Ⅰ』所収）

（6）小野寺淳「旅のモデルルート―道中日記から―」（『週刊朝日百科　日本の歴史』七五）・同「道中日記にみる伊勢参宮ルートの変遷―関東地方からの場合―」（『人文地理学研究』XIV）

（7）一点のみ、尾張国名古屋からの道中記が含まれる。

（8）一点のみ、児島半島のどこから出船したのかわからない道中記があり、下津井・下村以外に田ノ口の可能性も想定し得る。

（9）この加太～撫養ルートを利用した金毘羅参詣のコースについては、三谷敏雄「栗原順庵『伊勢金毘羅参宮日記』」（『ことひら』三六）、野口一雄「金毘羅への道―今田忠助道中日記から―」（『ことひら』四一、のち同著『山形県の金毘羅信仰』所収）・同「金毘羅道中―道中日記から―」（『ことひら』四五、のち同著『山形県の金毘羅信仰』所収）を参照されたい。

（10）「嘉永元年十一月　三日市宿人馬賃銭割増願一件并落着次第書」（『河内長野市史　第七巻　史料編四』所収）

（11）小野寺氏が分類された「伊勢参宮モデルルート」の「普及型」および「拡張型」に相当する。

（12）大阪城天守閣蔵

（13）大阪城天守閣蔵

第七章　金毘羅参詣 紀州加太〜阿州撫養ルートに関する史料

1

筆者は『ことひら』五二号に「河内国三日市宿と金毘羅参詣者」(以下「前稿」とする)と題した一文を執筆し[1]、嘉永五年(一八五二)三月十六日付で大坂西町奉行所に提出した河内国三日市宿の訴状を紹介した。

東日本から伊勢参宮を果たした人々[2]は、大和の名所巡りをしたのち高野山に詣で、従来は、高野街道(河内長野から西高野街道)を通って大坂に出、大坂から直接乗船して海路を讃岐丸亀に向かうか、あるいは播磨路を陸路で行き、高砂や室津、もしくは備前片上や児島半島の下津井・下村・田ノ口から船に乗って丸亀に着き、金毘羅参詣を行なっていた[3]。したがって、紀伊と河内の国境紀見峠から大坂方面へ三里の地点に位置する高野街道沿いの宿場町三日市宿には非常に多くの金毘羅参詣客が訪れ、同宿は大層な賑わいをみせていたのであるが、訴状によれば、近年高野山に詣でたのち紀州加太に至り、そこから阿州撫養へと渡る金毘羅参詣ルートが新たに開発され、加太〜撫養間に新規に渡海船が就航した。そしてこのルートを使って金毘羅参詣を行なう場合の距離を実際よりも短く記し、逆に大坂経由のこれまでの金毘羅参詣コースを実際よりも長く記した絵図・道中記が全国に向けて出版されたため、多くの旅人がこの新設ルートを利用することとなり、旅客が著しく減少した三日市宿では大変難渋している、というのである。

前稿執筆ののち、琴平町から『町史ことひら　5　絵図・写真編』が刊行され、筆者にもご恵贈いただいたが、同書にこの金毘羅参詣、加太~撫養ルートを考える上で大変興味深い史料が掲載されていたので、まずはその史料について考えることから始めてみたい。

2

前稿で筆者は「金毘羅御守箱所　美玉堂」版の「象頭山参詣道紀州加田ヨリ讃岐廻并播磨名勝附」を挿図として図版掲載し、『町史ことひら5　絵図・写真編』でも同種の絵図を三点紹介しているが、これら以外で積極的に加太~撫養ルートを推奨しているのは、紀州粉川（河）の金屋茂兵衛発行になる「高野山ゟ金毘羅へ道中ちかミち」である[4]。

図版は同書を参照いただくとして、上下二図のうち上図に高野山壇上伽藍が描かれており、右手大門の所に描かれた一人の旅人が「わし共大門とうり（通）ぬけ（抜）ちかミち（近道）まいり粉川にて御まち申上候」と語っている。その右には、

やたて（矢立）　八丁　天のや由兵衛
　　　　　　　　つるや吉兵衛
花坂　一リ　米や惣左衛門
　　　　　　茶や十平
志が（賀）　五丁　大はしや傳次
　　　　一リ　いざゝや源八
桜峠（大津。麻生津・麻津とも）　一リ　休茶屋
おふづ峠　一リ　茶や嘉蔵
　　　　　　油や利右衛門

おふづ　　江戸や吉左衛門
　舟わたし有

と列記され、現在の高野町・かつらぎ町・紀の川市を経て粉川に至るコースが示されている。

また高野山山上から不動坂を下り、不動橋を経て「かミや辻（神谷）」に至るコースも図示されていて、同辻には「左　紀州加田越金ぴら道　右　京大坂ミち」と記された道標があり、その右手に描かれた旅人は「わし共も下ちかミち（近道）ちそういん（慈尊院）さんけい（参詣）いたし粉川ニてお出あい可申上候」と語っている。そしてその右に、

九ど（度）山　八丁　森や勘助
　此所真田幸村古跡有
ぢそういん（慈尊院）　八丁　角や長五郎
　此所弘法大師御母公廟所
　舟わたし有
大の（野）　一リ　大や七郎兵衛
　衣や嘉十郎
妙寺　一リ　大和や新助
さや（佐野）　一リ　立花や喜助
　長や善助
なて（名手）　坂之上弥三郎

と列記され、現在の高野町から九度山町・かつらぎ町・紀の川市を経て粉川に至るコースが示されている。

一方、「かミや辻」の左手には、

かミや　一リ　大や孫兵衛

と記され、その左脇にまた一人の旅人が描かれ、彼は「わたくし共金ひら《(毘羅)》へ一度参け《(詣)》いいたし有之候へハ、此度ハすぐさま国元へ帰り申候」と語っている。そしてこれに続いて、

か祢《(河根)》　一リ　中や團次郎

かむろ《(学文路)》　一リ　米や才右衛門

三軒家　三十丁　米や七兵衛

とうげ《(東家)》　八丁　河内や治右衛門

きミとうげ《(紀見峠)》　二リ　おかや忠兵衛

三日市　二リ　油や庄兵衛

ふく《(福)》町　二リ　志ばや新助

さかい《(堺)》　さつまや字右衛門

と列記され、現在の九度山町から橋本市・河内長野市・大阪狭山市を経て堺に至るコースが示されている。

すなわち高野山に詣でた旅人が、そののちとるべき道として三本のルートが示されているわけで、大門から矢立・花坂・志賀・桜峠・大津峠・大津を経て粉川に至り、それから加太へ行き撫養へと渡るのが金毘羅参詣者にとって最も「ちかミち」だと教え、弘法大師母公の廟所慈尊院に参拝したのち金毘羅参詣をしようとする者にとっては、不動坂を下って神谷辻に至り、そこを左にとって九度山・慈尊院・大野・妙寺・佐野・名手とたどって粉川に至るのが「ちかミち」だと教えているのである。

これに対し、従来の、神谷から河根・学文路・三軒家・東家・三日市・福町・堺へと向かうコースは、既に金毘羅へ参った経験のある者が金毘羅に参詣せず、そのまま直に帰国する際に使用する道として示されており、このコースが金毘羅参詣には不適当だと述べていることになる。

つまり、高野山大門から直接の場合と神谷辻からの場合の二段階にわたって、加太～撫養ルートに金毘羅参詣客を誘致しようというのがこの「高野山ゟ金毘羅へ道中ちかミち」刊行の狙いで、両ルートどちらを通っても旅人は粉川に至ることとなり、発行元である粉川の旅宿金屋茂兵衛は彼らを迎え、潤うこととなるわけである。

『町史ことひら5　絵図・写真編』にはいまひとつ金屋茂兵衛発行の「伊勢高野金毘羅　㊎月参講」が収録されているが[5]、同史料もその発行目的は先の「高野山ゟ金毘羅へ道中ちかミち」と同じと考えてよい。ちなみに同史料では粉川の「金屋茂兵衛」から「岩で《（出）》」へと向かう途中で道が分岐しており、その道が紀ノ川を渡ったところに「新四国」と記されているが[6]、これは打田町の百合山八十八ヶ所のことで、同霊場は安政四年（一八五七）に開設されているから、少なくとも同史料の発行はそれ以降のこととなる。

3

先に検討した金屋茂兵衛発行「高野山ゟ金毘羅へ道中ちかミち」で、神谷辻のところに記されていた道標は実在し、こんにちも同地に建っている[7]（図1）。四基のうち一番左側がそれで、各面それぞれに、

（正面）
志そん《（慈尊）》院弘法大師御母公御廟所
左　槇尾山粉川寺志ん《（新）》四国道

図1　神谷辻に建つ四基の道標　一番左側のものに「紀北加太こ江金毘羅江ちか道」と刻まれる

紀北加田こ(越)江金毘羅江ちか(近)道

(右面)

右　京　大坂道

(左面)

是ヨリ二里麓九度山村真田安房守同幸村古跡寺有

安政五年子(ママ)霜月建之

(裏面)

施主　慈尊院村

牧野助三郎

九度山村

中村新兵衛

と刻まれている。

施主両名の居住する慈尊院村・九度山村は既にみたとおり、ともに神谷辻から粉川に向かうルートの途中に位置しており、彼らは金毘羅参詣客を加太~撫養ルートに導くことで村の繁栄を期待し、本道標を建立したものと考えられる。道標といえば単純に旅人の便宜をはかるため、純粋な厚意によって建立されたと思いがちで、もちろんそうしたものも多数存在するわけであるが、その一方で旅宿の建てた道標などもしばしば見られ、道標の建立には、宣伝効果も含め様々な目的のあったことを知っておく必要があろう。

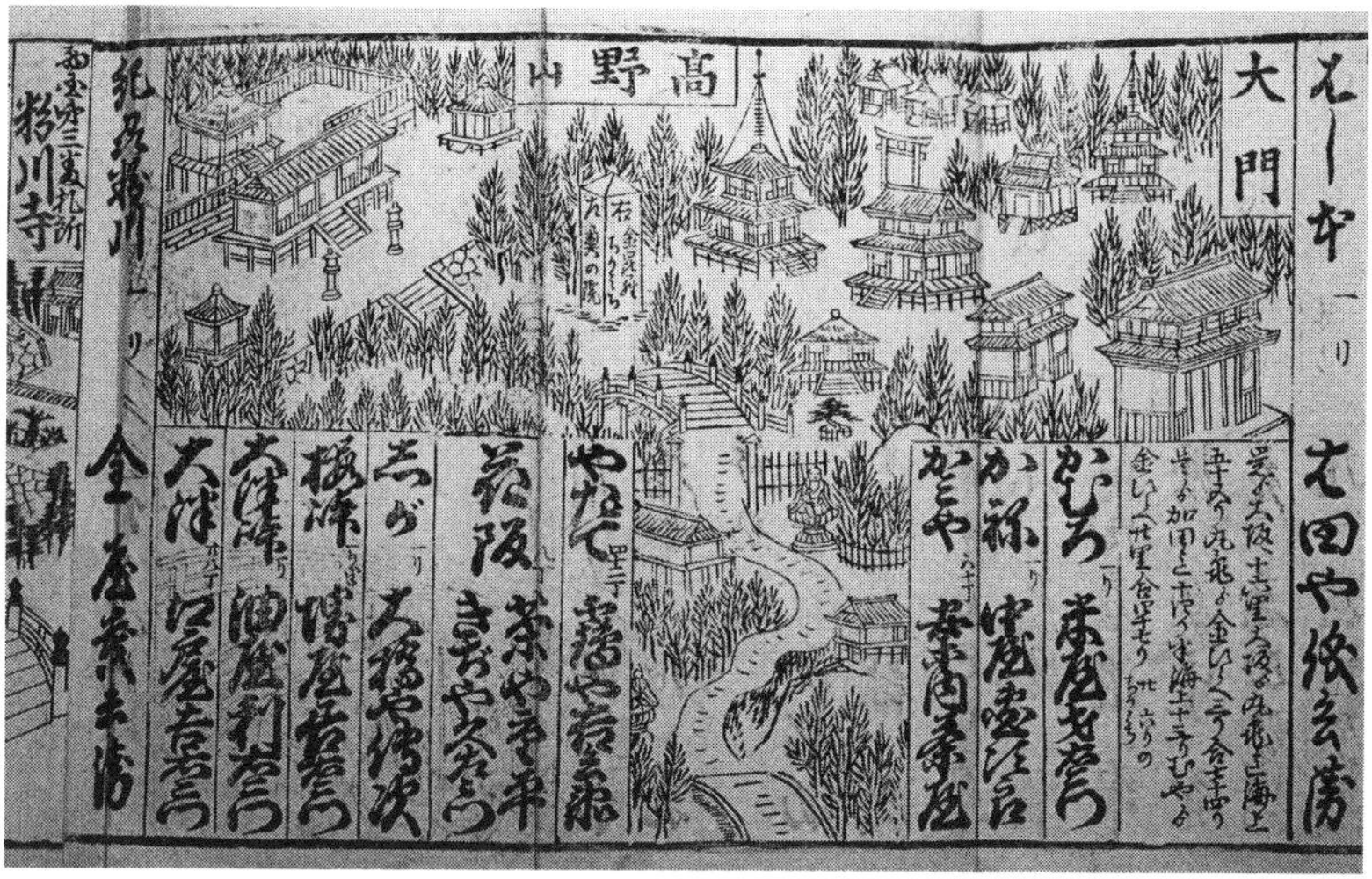

図2　「大和廻り高野山ゟ紀州名所　伊勢金毘羅月参講定宿」（鉄道博物館蔵）
高野山壇上伽藍に「右　金毘羅ちかミち　左　奥の院」と記された道標が描かれる。

ところで筆者は、平成三年四月に神戸海洋博物館で開催された『特別展　遊行と物見　近世瀬戸内の旅人たち』で、神谷辻ではなく高野山壇上伽藍に金毘羅への道標を描いた史料が出品されていたとの不確かな記憶を持っていた。あらためて同特別展の図録で確認してみたが、図録には同展に出品された一四一点の史料のうち一部しか図版掲載されておらず、筆者の記憶の当否を確認することはできなかった。

たしかその史料は東京の交通博物館（現、鉄道博物館。さいたま市大宮区）の所蔵であったとの、これまたきわめてあやふやな記憶をもとに交通博物館に電話を入れ、『特別展　遊行と物見』図録巻末の「展示資料一覧」に載っていた同館からの出品史料五点について閲覧のお願いをしたところ快諾を得、平成九年十二月十二日に調査をさせていただくことができた[8]。その結果、五点のうち出品番号七十七の「伊勢金毘羅月参講定宿」に高野山壇上伽藍が描かれ、そこに「右　金毘羅ちかみち　左　奥の院」と記された道標が描かれていた（図2）。以下加太～撫養ルートの金毘羅参詣路について記すこの史料を簡単に紹介させていただくこととする。

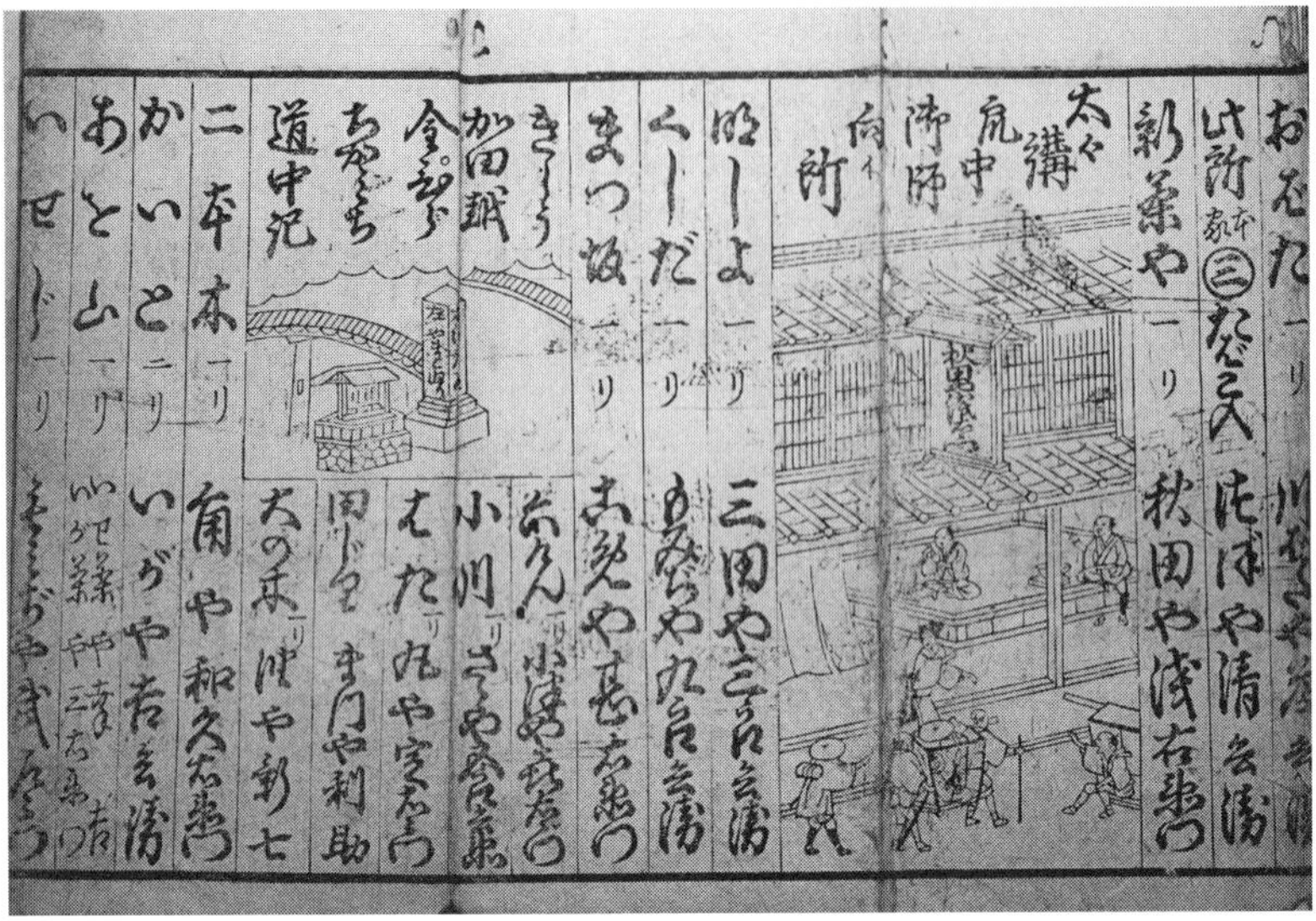

図3　「大和廻り高野山ゟ紀州名所　伊勢金毘羅月参講定宿」（鉄道博物館蔵）
伊勢表街道の松坂と二本木の間に「きしう加田越金ぴらちかミち道中記」と記される。

本史料は原題を「大和廻り高野山ゟ紀州名所　伊勢金毘羅月参講定宿」といい、縦一六・五×横八・〇センチメートルの折本一冊である。

最初に金毘羅参詣路の地図を示し、これに続いて伊勢内宮・二見浦・間《あい》の山・古市・妙見町・中河原の情景を多色刷で描き、その後はところどころに名所風景の挿絵をはさみながら、基本的には宿場名・そこに至る里程・旅宿名を記す形で金毘羅参詣のモデルルートを提示している。

宮川を船で渡り小俣に出たあとは参宮街道を通って松坂に出、松坂からは青山峠を越えて榛原・西国八番札所長谷寺へと至る。いわゆる伊勢表街道で、この間に「きしう《（紀州）》加田越金ぴらちかミち《（近道）》道中記」の名が記されている（図3）。長谷寺からは奈良・郡山・法隆寺・龍田大社・当麻寺・多武峰・吉野と大和名所巡りをし、橋本から学文路・河根・神谷を経て高野山に登る。ここに高野山壇上伽藍図が描かれるわけで、その右下には「是ゟ大坂へ十六里、大坂ゟ丸亀迄海上五十五リ、丸亀ゟ金ひら《（毘羅）》

へ三リ合七十四リ、是ら加田迄十四リ半、海上十三リ、むやら（撫養）金ひらへ廿里、合四十七リ、廿六リのちかミち（近道）」と記して、大坂経由よりも加太〜撫養ルートの方が断然近いことをアピールする比較広告を行なっている。

高野山からは矢立・花坂・志賀・桜峠・大津峠・大津を経て粉川に至り、西国三番札所粉川寺・根来寺・西国二番札所紀三井寺と参拝し、和歌の浦・和歌山城下を見たのち加太浦より阿州撫養へと海を渡る。そして途中白鳥大明神を経て金毘羅大権現に詣で、帰りは善通寺を経て丸亀に出、海を渡って備前田ノ口に至る。瑜伽山に参詣したのち、岡山城下・姫路城下・明石城下を経て兵庫から船に乗って堺に行き、それから大和橋を渡って住吉大社に参拝し、天下茶屋・四天王寺を経て大坂に入る。大坂からは守口・枚方・橋本を経て石清水八幡宮に詣で、淀城下を通って伏見京橋に至り、藤森神社・伏見稲荷大社・東福寺・方広寺大仏を経て三条大橋を渡り、京都洛中に入る。二条城のあと最後は「大内安羅礼《アラレ》御節会之図」と題して禁裏の様子を描いて締め括る。

以上が「大和廻り高野山ら紀州名所　伊勢金毘羅月参講定宿」で提示されている金毘羅参詣ルートである。

4

ところで同史料巻末には、

一、高野山ら紀州加田ご（越）へ金毘羅道はつこう（発行）ニ付、大坂廻り道中筋宿向勝手悪敷、勿論大坂ニてハ二度之所一度ニ相成候故、諸方江頼ミ色々わる（悪）口申もの（者）有之候得ども、さやう（左様）の訳ニてハ無御座候ニ付、此度金毘羅講取結道筋之御案内申上候、別紙絵図名前之通御尋可被下候

一、絵図之通海上十三里、鳴戸（門）不越ニ渡海いたし、此所昔ら難船なく、渡しちん（賃）壱人前三百文舟屋酒手枚一切不申、道の（法）り廿六里ちかミち（近道）、尤名所旧跡多く有之

とあり、従来の高野山から大坂に出て金毘羅へと向かう「大坂廻り道中筋」の宿場や大坂などからいろいろと批判のあることを踏まえて出版したと記している。すなわち「大坂廻り道中筋」の宿場では金毘羅参詣、加太〜撫養ルートの開通により、利用客の著しい減少といった不都合が生じ、それとともに大坂でも、従来のルートならば行きも帰りも立ち寄った金毘羅参詣客が、加太〜撫養ルート利用の場合は帰りに一度しか立ち寄らないため、同じく旅客の減少を招く結果となっていたことが知られるのである。

筆者が前稿で紹介した河内国三日市宿はまさに「大坂廻り道中筋」の宿場に該当するわけであるが、その訴状では「近年高野山ゟ紀州か(加)太浦、夫ゟ阿州むや(撫養)江新規之渡海船ヲ拵、四国路ゟ金毘羅江之道法取縮メ、又当駅大坂江掛り、播州路江之本道之道法者相延し、判摺之絵図面・道中記を新規ニ諸国江相弘メ」と、加太〜撫養ルート関係者の非を厳しく責め立てていた。他方、これに対する立場の本史料ではそうした批判を「諸方江頼ミ色々わる口申もの有之候得ども、さやうの訳ニてハ無御座候」と、不当な言い掛かりであると反論している。

どちらの言い分が正しいのかにわかに判断し難いが、いずれにせよ幕末頃の金毘羅参詣者が夥《おびただ》しい数にのぼったため、両ルート間で熾烈《しれつ》な旅客争奪戦が行なわれたことだけは確かである。

最後に、気になる本史料の発行元についても記しておかねばならない[9]が、注目すべきことに、先に記した『町史ことひら5　絵図・写真編』所収の二つの史料と同様「紀州粉川中町　金屋茂兵衛」による刊行であることが知られ、その肩書は「高野山大徳院用達所」となっている。金毘羅参詣、加太〜撫養ルートの開設・普及に紀州粉川の旅宿金屋茂兵衛の関与が絶大であったことはもはや疑いのないところであろう。

〔註〕

（1）本書第三部第六章

（2）江戸時代東日本から伊勢参宮を果たした人々の旅行ルートについては、小野寺淳「旅のモデルルート―道中日記から―」（『週刊朝日百科　日本の歴史』七五）・同「道中日記にみる伊勢参宮ルートの変遷―関東地方からの場合―」（『人文地理学研究』XIV）を参照されたい。

（3）金毘羅参詣のルートについては、拙稿「近世大坂周辺地域における金毘羅信仰の展開」（大阪府教育委員会『歴史の道調査報告書　第七集　宗教の路・舟の路』、本書第一部第一章）、田中智彦『近世社寺参詣道中日記にみる渡船・航路の利用』（平成六・七年度科学研究費補助金研究成果報告書）・同「道中日記にみる金毘羅参詣経路―東北・関東地方の事例―」（『日本宗教文化史研究』一―二、のち同著『聖地を巡る人と道』所収）を参照されたい。

（4）『町史ことひら5　絵図・写真編』一〇一頁D（16）

（5）『町史ことひら5　絵図・写真編』一〇〇頁D（15）

（6）近藤隆二郎「和歌山県下における地域的巡礼地の展開過程と空間構造」（『造園雑誌』六一―五）

（7）本道標の存在については、岐阜教育大学助教授の田中智彦氏よりご教示を得た。なお同氏「道中日記にみる金毘羅参詣経路」（前掲）も参照されたい。

（8）閲覧に際しては同館調査役・学芸員佐藤豊彦、学芸員岩本京子両氏にお世話になった。記して謝意を表する。

（9）本史料は表裏両面にわたって金毘羅参詣ルートが記されており、表面は加太浦から撫養に渡ったところで終わり、撫養から後は裏面となっている。その表面末尾に「正徳五セイ清田屋用」と読める墨書があり、所蔵先である交通博物館でも「正徳版　伊勢金毘羅月参講定宿」の資料名称で登録している。しかし金毘羅参詣自体の全国的普及が一八〇〇年前後であること（小野寺淳「旅のモデルルート」・同「道中日記にみる伊勢参宮ルートの変遷」〈いずれも前掲〉）、また嘉永五年（一八五二）の三日市宿の訴状で加太～撫養ルートの開通を「近年」としており、現在のところ道中日記で加太～撫養ルートの利用を確認できる初例は天保十四年（一八四三）であること（田中智彦「道中日記にみる金毘羅参詣経路」〈前掲〉）などよりして、本史料の刊行を正徳年間（一七一一～一六）とするには同意できない。墨書の記す意味についてはなお検討を要しよう。

第四部　金毘羅信仰の諸相

第八章　東照宮の相殿に祀られた金毘羅

一　「東照宮」の成立

慶長二十年（＝元和元年〈一六一五〉）五月八日大坂夏の陣で豊臣家を滅ぼし後顧の憂いを断った徳川家康は、翌年四月十七日駿府城内で七十五歳の生涯を終えた。

死に先立って家康は、四月二日に金地院崇伝・南光坊天海・本多正純の三人を枕元に呼び寄せ、

御大漸の後は久能山に納め奉り。御法会は江戸増上寺にて行はれ。霊牌は三州大樹寺に置れ。御周忌終て後下野の国日光山へ小堂を営造して祭奠すべし。京都には南禅寺中金地院へ小堂をいとなみ。所司代はじめ武家の輩進拝せしむべし[1]。

と命じた。命を承った三人のうちの一人金地院崇伝は、二日後の卯月四日付の京都所司代板倉勝重宛の書状の中で、その内容を、

一両日以前。本上州。南光坊。拙老御前へ被為召。被仰置候ハ。臨終候ハ、御躰をハ久能へ納。御葬礼をハ増上寺ニて申付。御位牌をハ三川之大樹寺ニ立。一周忌も過候て以後。日光山に小キ堂をたて。勧請し候へ。八州之鎮守に可被為成との御意候。皆々涙をなかし申候[2]。

と報じている。また、死の前日十六日には榊原照久が家康の病床に呼ばれ、

汝幼童の時より常に心いれておこたらず近侍し。且魚菜の新物を献ずる事絶ず。我死すとも汝が祭奠をこゝろよくうけんとす。東国の諸大名は多く普(譜)代の族なれば。心おかるゝ事もなし。西国鎮護のため　神像を西に面して安置し。汝祭主たるべし。[3]

と命じられた。

こうした遺言にしたがい、家康の遺体はその日の夜に久能山に移され、豊臣秀吉の神格化[4]で実績を持つ豊国社別当、神龍院梵舜（神道管領長上　吉田兼見の弟）の手で神に祀られた。ところが、この家康に奉る神号を巡って吉田神道の流儀に則って「大明神」号にするか、天台宗の山王一実神道流の「大権現」号にするかで大揉《おおも》めに揉めることとなった。梵舜は、

吉田卜部の神道にて。既に豊国も大明神を号せしむるは。梵舜等が議する所なり。ゆへに今我　烈祖をも大明神の追号を以て祭祀せんとす。[5]

と述べ、これに対し天海は、

しかれどもかねて　烈祖は天海大僧正を信任したまひ。天台宗山王神道を御帰依なりしかば。御没前既に天海と議定し給ひ。我万歳の後はかならず大権現と称し。永く国家を鎮護せんと仰置れし[6]

と強く主張したのである。天海・本多正純とともに家康遺言の場に同席した崇伝は、同年五月十二日付の板倉勝重宛の書状の中で、

相国様御ゆいこんの旨ニ而。久能へ納。神ニいわゝせられ。吉田代ニ先神龍院在府故。作法共申沙汰被仕候。御神号ハ重而勅旨可在之通ニ御座候キ。然所ニ南光坊何角存分之儀御座候而。少々出入共御座候ツル。拙老ハ。神

ならは吉田可存儀と申候を。南光坊神道をも存知之様ニ被申候ツル。一円我等ハかまい不申候。[7]

また同月二十一日付の細川忠興宛書状でも、

神ニ被為祝候ニ付而。拙老ハ吉田可仕義と　御前へも申上。幸神龍院在府ニ付而。先取沙汰被仰付候。御神号并御位以下。従　禁中被　仰出。其上勅使。上卿以下御下向。其時吉田神主被罷下。御遷宮以下之作法可有之との義ニ候処ニ。南光房被申候様ハ。山王神道とて。別而存知之由候。吉田ハ山王の末社ニ而候なとゝ。種々様々被申掠候(中略)吉田之神道と被相妨。山王之神道とやらんニ日本国が成可申か。かやうの珍敷義ハ前代未聞と存候。[8]

と、激しく天海の無道を詰《なじ》ったが、結局、秀吉に「大明神」号を贈り豊臣家が滅亡した前例からして「大明神」は不吉であるとの理由で、家康の神号は「大権現」に決した。[9]

朝廷からは、

相国様御神号之事。東照大権現。日本大権現。威霊大――。東光大――。右四つ之内。何へ成共。将軍様次第ニ被為定候様ニ[10]

との申し出があり、四つの選択肢の中から「東照大権現」が選ばれて、元和三年二月二十一日久能山の神廟に遣わされた勅使萬里小路孝房によって神号宣下がなされた。[11]その神号は、西国の外様大名の動向を気に掛け、関「八州之鎮守」とならんと欲した家康の意を呈したものであった。

「東照大権現」となった家康の神柩は、元和三年三月十五日久能山を発し、遺言の旨にしたがい、四月四日に日光に入り、同八日日光山奥の院の巌窟の中に安置された。同月十六日には正遷宮が行なわれ、ここに日光「東照社」が成立するわけであるが、正保二年(一六四五)に至り十一月十一日「宮」号の宣下がなされ、「東照社」は改められて「東照宮」となった。

少々長くなったが、前節では徳川家康を祀る東照宮の成立過程とその間の事情を概観してみた。東照宮は久能山・日光の他にも、江戸城内の紅葉山、諸大名の領内や寺社境内などに勧請され[12]、かつては豊臣家の本拠地であった大坂にも家康の外孫松平忠明によって川崎東照宮の社殿が造営された[13]。

この他東照宮は、幾多の戦乱の中で家康が本陣を定めた地や鷹狩りの際に休息した地などゆかりの土地土地に多数勧請され、それらの東照宮分祀は年貢や諸役の免除といった〝現世利益〞をもたらした[14]。

二　溝呂木《みぞろぎ》家東照宮の由緒

本稿で扱う神奈川県厚木市東町の溝呂木家東照宮もそうした事例の一つで[15]、『新編相模国風土記稿』は巻之五十五村里部　愛甲郡巻之二で「旧家孫右衛門」の項を立て、溝呂木家の由緒と同家敷地内に東照宮が勧請されるに至った経過を次のように記している。

家系に拠るに、其祖溝呂木式部大輔氏重は足利左兵衛督高基の次子にて、当国溝呂木にこの地今詳ならず、按ずるに、〔鎌倉大草紙〕に文明九年相州には長尾衛門尉景春が被官人、溝呂木の城に楯籠り、太田左衛門入道下知として、扇谷より勢を遣し、同三月十八日城を攻落すとあり、是等によれば此辺の古名を溝呂木と称せしに似たり居住し、在名を氏とす、其子出雲守正重最勝寺記録に檀那代々当郷住溝呂木出雲守久吉、永禄六年四月末世の為、念仏供養すと載す、久吉は正重の初名なるにや、正重の子九郎右衛門良勝同寺慶長七年の古記に、当所代々之旦那、溝呂木九郎右衛門、同内匠助、同源七郎と記す、に至り、東照宮中原御殿大住郡の属より此辺御放鷹の時は屢この宅に立寄らせ給ひ、御茶など奉れり、拠て宅地に御休憩の御仮屋を設置る、後年破壊せしにより廃して跡に塚を築き、其上に東照宮を勧請し奉る、其棟札に元和八年とあり、近頃御宮の地を移し元は居宅より乾の方なりしを艮方に移す新に造立し奉りもとの御棟札を納め、且御相殿に金毘羅を勧請す、御棟札左の如し

（図省略）

裏に元和八年壬戌四月十七日溝呂木孫右衛門宗次とあり、又彼御仮屋の内に茶臼を置れしかば、廃せし時宅に移し歳始には注連を引神酒を備ふ、今は御宮内に置、図左に載す（図省略）[16]

これによれば、溝呂木家の祖式部大輔氏重は古河《こが》公方《くぼう》足利高基《たかとも》（?～一五三五）の次子とされ、相模国溝呂木に住し、居地をもって氏の名としたという。その子の名を出雲守正重、そのまた子の名を九郎右衛門良勝といったが、この良勝の代に、家康が鷹狩りで中原御殿（現、神奈川県平塚市御殿二丁目）に赴く際しばしば立ち寄り、茶を飲むなど休息した。溝呂木家では家康の休憩用にと仮屋を建てていたが、時が経つとともに崩れたので、その跡地に塚を築き、その上に東照宮を勧請して祀ったのだという。同書には「奉勧請東照大権現　安鎮座」と記された棟札が図示され、寸法も明記されているが、その棟札の裏には「元和八年壬戌四月十七日溝呂木孫右衛門宗次」と認《したた》められているとのことである。この元和八年勧請の当初の東照宮は居宅の乾（西北）の方向に祀られていたが、近年、艮《うしとら》（東北）の方向に移して新たに社殿を設け、その中に元和八年創建時の元の棟札を納めたという。また家康の休息場所となった仮屋の中には茶臼が置かれていたが、この仮屋が完全に崩れてしまった折に居宅の方へこれを移し、以来毎年年頭にはこれに注連縄を張り、神酒を供えているとも記し、寸法とともにその茶臼を図示している。

ここに記された棟札・茶臼は、裏に「天保十亥年四月再建　神戸帳取替之節ハ、御家根はつしに相成居ル　溝呂木」との墨書がある東照宮神殿（内陣）、箱上蓋に「東照宮御画像　壱幅」（表）／「天保八丁酉年四月修補　溝呂木氏常信筆」[17]（裏）と記される徳川家康画像とともに、こんにちも溝呂木一三氏宅に伝存している（図1～5）。

図4　溝呂木家東照宮神殿（内陣）

図2　溝呂木家東照宮の棟札（裏側）

図1　溝呂木家東照宮の棟札（表側）

図5　伝狩野常信筆の徳川家康画像

図3　溝呂木家東照宮で祀られた徳川家康ゆかりの茶臼

三　東照宮相殿に金毘羅が祀られた経緯

さて注目すべきは、『新編相模国風土記稿』も記すとおり、こうして勧請された溝呂木家東照宮の相殿に金毘羅が併せ祀られた、という事実である。

『新編相模国風土記稿』は徳川幕府が編纂した一二六巻に及ぶ相模国の地誌で、天保元年（一八三〇）に着手、同十二年に脱稿した。この『新編相模国風土記稿』は、文化七年（一八一〇）起稿、文政十一年（一八二八）に脱稿、天保元年に幕府に上呈された『新編武蔵国風土記稿』に続いて編纂されたものであるが、文政九年段階で溝呂木孫右衛門は幕府の地誌改役人より同家屋敷内の東照宮の由緒について質問を受けており、同年二月二十九日付で彼は次のように回答している。

御尋ニ付奉申上候

一、相州愛甲郡厚木村孫右衛門奉申上候、私家蔵ニ恐多モ神君様御神影伝来仕、猶居屋鋪之内ニ御仮家跡ト唱来り候而、御除地壱畝歩有之伝承り候処、私祖父幼年之頃迄者、其御仮家立腐ニ相成有之候与私親共江申聞候由ニ承り及候、御仮家内ニ者茶臼有之候ヲ、右御仮家崩レ候節居宅江移し、夫ゟ年々正月三ケ日者七五三ヲ張神酒ヲ備来申候、御仮家跡者塚ヲ築小祠ヲ建置候得共、破損等仕候ニ付、十ケ年程已前猶又祠ヲ建替、以前之御棟札ヲ納メ申候、尤猥ニ御神号奉唱候事深重奉恐入候ニ付其砌金比羅ヲ相殿ニ祭り朝暮信心仕、年々四月十七日ニ者献御造酒、心斗之祭祀ヲ営申候、方角ハ往古住来候居宅ゟハ戌亥之方ニ相当り、当時之居宅ゟハ丑寅ノ方ニ相当申候、其側ヲ往古者隠里ト唱候由、稲荷之小社御座候外ニ者慥成證拠と申者も無之、只老人共之申伝斗ニ而、聢与致義も無御座

候、御尋ニ付右之段奉申上候、以上

（図その他略）

文政九丙戌年

二月廿九日　　　　溝呂木孫右衛門

地誌御改

朝岡伝右衛門様

水野丈之助様(18)

相模国愛甲郡厚木村の溝呂木孫右衛門家には、恐れ多くも神君徳川家康公の御神影(19)が伝来し、屋敷地内には「御仮屋跡」と称してきた一畝歩の土地が除地とされて今に伝わっている。孫右衛門の祖父が幼年であった頃には、いまだその「御仮屋」が崩れたままになって放置されていたと、孫右衛門は親から聞いている、と述べている。その「御仮屋」の中には茶臼があって、「御仮屋」が完全に崩壊してしまった際にこれを居宅の方へ移し、それ以降毎年正月三ケ日には「七五三《しめ》」（＝注連）縄を張って神酒を供え、こんにちに至っているという。「御仮屋」の跡には塚を築き、その上に小祠を建て、建て替え以前の古い棟札をその内部に納めているとのことで、みだりに「東照大権現」の神号を唱えるのは恐れ多いので、相殿に金毘羅大権現を祀り、その神号を唱えて朝に夕べにこれを厚く信仰し、東照宮の例祭執行日である毎年四月十七日には神酒を献じ、心ばかりの祭祀を行なってきた、とも記している。東照宮の小祠の位置については、かつての同家の居宅からすれば戌亥《いぬい》の方角に相当するが、今の居宅からいうと丑寅《うしとら》の方角になるという。東照宮小祠がある場所付近は往古より「隠里」と称されてきたが、稲荷を祀った小祠以外確たる証拠は何もない。ただ老人たちの伝承によるばかりである、と。

多少解釈に相違が見られるが、『新編相模国風土記稿』の「旧家孫右衛門」の項目の記述がこの孫右衛門の回答に基づいていることは、一読して首肯されるところであろう。ただ本稿の関心に引き付けて言うと、孫右衛門の回答には、「東照大権現」の神号を口に出すのは恐れ多いので、同じ「大権現」号を持つ金毘羅を祀り、日夜「金毘羅大権現」と唱えて東照宮を祭祀していると、金毘羅勧請の理由を語っているところが大変興味深い。

四　東照大権現と金毘羅大権現の葛藤

ところが金毘羅大権現を相殿に合祀した溝呂木家東照宮に思わぬ事態が起こる。天保十一年四月付の次の史料はそれについて記したもので、

神君御宮再建之趣意ハ、当家次男麟治郎長病之所、医薬茂無験、一族之者歎鋪存、若シ神仏又ハ古亡霊等抔之祟りニ而茂有之間敷哉難斗と存、相談之上、萩園村龍太夫方ゟ梓巫女相頼、分家清兵衛方江相招、親類共出席之上神託可承と存候処、巫女ノ曰ク、此席江第一ノ主人不参ニ而者神託演説不相成候段申聞候故、皆々顔見合不思義ニ存候而答候ニ者、主人無拠差合ニ而闕席致候得共、御託宣之趣委細可申聞候間、何分ニ茂相願候と申候へ者、然者可申聞ト巫女膝立直シ威儀厳重にして曰ク、先年当家既ニ退転ニ茂可及程之難渋有之候節茂、予ハ往古ゟ此所ニ垂跡致候故、当家を守護致漸に相凌、当時者如先規繁栄致候をも不顧、近年金毘羅ヲ相殿ニ祭り籠メ、毎月十日而已ヲ信仰致候趣者如何之筋之心得違ニ候哉、向後相殿ヲ相止メ、別々ニ祭儀致候ハ、、当家益繁昌之基不可有疑ト、実ニ難有御神詑(託)之御誡示を蒙り、聴主一列之者胸中ニ徹シ、神慮ニ背候段者恐入尊敬平伏仕候事也、扨又病人之事相伺候処、夫者予カ非可知ニ、死生者任天命候事也、必心得違有之間敷との御託宣也、依之、今般恐多ク

モ御宮ヲ再建仕候得共、斯賤民之地内ニ尊キ御神を鎮座仕候事、後世ニ至り不審ニ存候人も可有候哉と右之趣、具ニ書添置候畢

天保十一年子四月　　溝呂木九左衛門

金纊（花押）(20)

これによると、溝呂木家では同家次男麟治郎が長煩《ながわずら》いの床にあり、医者に診《み》せ、薬も飲ませたがその験《しるし》が全く無いため、神仏あるいは古き亡霊などの祟《たた》りではないかと一族の者で相談し、萩園《はぎその》村（現、神奈川県茅ケ崎市萩園）龍太夫方より梓巫女《あずさみこ》に来てもらうよう依頼して、溝呂木家の分家清兵衛宅にて親戚一同出席の上、神託を受けることと決した。

ここに出てくる梓巫女とは、梓弓《あずさゆみ》を持って口寄せを行なう歩き巫女のことで、「ののー」とも呼ばれた(21)。『ゲゲゲの鬼太郎』や『悪魔くん』などの作品で知られる漫画家水木しげる氏は、「私が妖怪の絵やマンガをかくようになったのは、子どものときに、近所に、〝ののんばあ〟というおばあさんがいたからです。そのおばあさんが、いろいろな妖怪を知っていて、それぞれの妖怪がどこにいて、どんなことをするのかということを、いわば実地で教えてくれたのです(22)」と述懐している。その〝ののんばあ〟という呼称について水木氏は、「いまから五〇年ほどむかし、オレが子どもだったころは、（鳥取県の）境港あたりでは、神仏に仕えたりする人のことをののんさんといっていた。その人がおばあさんなら、ののんばあさんとよばれることになるわけだ(23)」と説明するが、「神仏に仕え」るといっても神社や寺院に属する正規の神主・巫女また僧侶・尼僧が全て「ののんさん」と呼ばれたわけでは恐らくなく、民間の巫女・拝み屋さんなどを指してそう呼んだのであろう。「ののんさん」は梓巫女の「ののー」と同義と思われる。水木氏は、「ののんばあは夫の『拝み手』とよばれるじいさんとふたりいっしょに、オレの家から

一〇〇メートルほどはなれた、小さな道の奥にある、四畳半二間の家に住んでいた。拝み手というのは拝んで病気をなおす人という意味で、病人を救う仏様である薬師如来の代理人ということである。のんのんばあは、その代理人に仕えているというわけだ[24]」、「じいさんとばあさんは、食えなくなると、米ぶくろをさげて、一軒一軒、巡礼みたいなかっこうで米をもらいに歩いていた[25]」と記している。

江戸時代の梓巫女達は江戸・浅草の神事舞太夫頭[26]・田村八太夫配下の神事舞太夫(男性)に率いられ、一団となって各地を巡り歩き、各戸を訪れて需めに応じて口寄せを行なったというが、彼女らはもともと一団が巡業に行った先々で物色されて見習いとなり、老練の巫女から秘術秘法を伝授せられたもので、概ね三~五年で一人前になった、とされる[27]。この若い見習いの巫女たちを指導した老練の巫女は、多く一団の宰領たる神事舞太夫の妻であったろうと推測されているのであるが[28]、水木氏が少年の時、すなわち昭和初年頃に接したという〝のんのんばあ〟と「拝み手」のじいさんという夫婦は、まさにこの神事舞太夫とその妻である老練な梓巫女(「ののー」)を彷彿とさせるものがある。

もっとも、神事舞太夫頭・田村八太夫の支配領域は、関八州ならびに信濃・甲斐・会津表に限られていたから、「拝み手」のじいさんと〝のんのんばあ〟の夫婦を、簡単に神事舞太夫およびその妻と同一視することは許されない。

しかし、『摂津名所図会大成』巻之五に「梓巫女《あづさみこ》」の項があり、

同(天王寺)神子《みこ》町にあり。黒格子《くろがうし》・藪《やぶ》の内《うち》など号《がう》する家《いゑ》凡五軒許ありて、おのおの亡者《もうじや》を招魂《せうこん》して種々《いろいろ》のものがたりをなす。是を巫女《みこ》の口よせといふ。是も古き風俗《ならはせ》なり[29]。

と記され、江戸時代、大坂の四天王寺周辺にも梓巫女がいて、口寄せを行なっていたことが知られるから、これに類するものは各地にいたのであろう[30]。

いずれにせよ水木氏は、異界(霊界)との交信者である〝のんのんばあ〟を通して妖怪などに関する様々な知識を得

たわけであるが、溝呂木家から依頼を受けた萩園村の龍太夫配下の梓巫女は、一体どのような託宣をしたのであろうか。

梓巫女は、まず、この席に溝呂木家第一の主人たる九左衛門金纉がいないことを責め、金纉が来ないのであれば託宣はしない、と激しい口調で言い放った。一同互いに不思議な顔をして見合わせ、拠《よ》ん所《どころ》ない用で金纉の同席は叶《かな》わないが、のちほど託宣の内容は詳しく伝えるので何卒宜しくお願いしたいと懇願したところ、巫女は膝を立て直して威儀を正し、神託を述べ始めた。

溝呂木家は代々厚木村の豪農であり、多くの土地を持ち、相模川の渡船権も有していたが、御用金の用付その他で文化七年に没した好明の代には困窮の極みに達し、ついに商業に手を染めることとなった。当代の主《あるじ》金纉はその好明の養子で、実は武蔵国八王子（現、東京都八王子市）の豪商成内市郎右衛門の子であった。彼は実家で体得した商法にさらに磨きをかけ、豪商の一人に数えられるほどになり、溝呂木家中興の祖ともいうべき人物であった。

梓巫女の託宣は、この溝呂木家の先年の困窮に触れ、次のように語る。当家がこのまま退転してしまうのではないかと思われたほど難儀した折、予《よ》（＝東照大権現）は昔よりこの地に垂跡した縁《えにし》により、当家を守護し、こんにちの如き隆盛に導いた。にもかかわらず、近年吾《わ》が神殿の相殿に金毘羅などを祀り籠め、金毘羅の縁日である毎月十日ばかりを信仰しておる。これは何たる心得違いか。早速に相殿の祭祀を止め、金毘羅を別に祀らば当家のさらなる繁盛の基《もとい》となろう。

このありがたい託宣を耳にした一同は、東照大権現の神慮に背いて来たことを深く恥じて恐れ入り、平伏した。続いて麟治郎の病について尋ねてみたが、東照大権現は、死生《しせい》のことは天命に委ねるしかない、心得違いをするな、と語るのであった。

溝呂木家では、この託宣を被ったあと東照宮の社殿を再興したのであるが、何故溝呂木家の如き一民衆宅に東照宮が祀られているのか、後世の人が不審に思ってもいけないので敢えて記し置く、ということで書かれたのがこの史料だったのである。

先の文政九年の史料では、「東照大権現」の神号を口にするのが憚《はばか》れるため、敢えて同じ「大権現」号を持つ金毘羅を祀り、日常的には「金毘羅大権現」の名を唱えたが、その祭祀日はあくまでも東照宮の例祭日たる四月十七日だと記されていた。

ところがこの史料の記された天保十一年段階になると、東照宮の祭祀は蔑《ないがし》ろにされ、毎月十日の金毘羅の縁日ばかりが祭祀日となってしまっていた。家人《かじん》が金毘羅大権現に向かって「大権現様　大権現様」と唱えているうちに、いつしか主祭神たる東照大権現の祭祀はなおざりにされてしまい、庇《ひさし》を貸したはずの金毘羅大権現に母屋《おもや》を乗っ取られてしまったというわけである。

文政年間（一八一八～三〇）は、金毘羅信仰がピークに達した時期(31)で、溝呂木家東照宮相殿への金毘羅合祀も、そうした金毘羅信仰の全国的展開という流れの中に位置づけられる。そしてその金毘羅という、凄《すさ》まじいエネルギーを持った庶民信仰の前では、戦国の世に終止符を打ち、天下無敵を誇った、さしもの徳川家康でさえ全くの形なしであった。先の託宣は、そんな家康、すなわち東照大権現の金毘羅大権現に対する嫉妬《しっと》が、思わず梓巫女の口をついて出てしまった、と解することもできよう。

〔付記〕　溝呂木一三氏には、たいへんお忙しい中、同家所蔵資料の調査に便宜をはかっていただき、神奈川県立歴史博物館主任学芸員鳥居和郎氏には、史料の所在等について種々ご教示を賜った。また日光東照宮禰宜高藤晴俊氏、神奈川県立旭高等学校教諭中野光浩氏には、平素より東照宮史の研究について様々なご指導を得ている。この場をお借りして感謝の意を表させていただく。

〔註〕

（1）「台徳院殿御実紀」元和二年四月二日条（『新訂増補　国史大系39　徳川実紀　第二篇』）
（2）「本光国師日記」元和二年卯月三日条（『新訂　本光国師日記　第三』）
（3）「台徳院殿御実紀」元和二年四月十六日条（前掲）
（4）豊臣秀吉の神格化、すなわち豊国社の成立については、三鬼清一郎「豊国社の造営に関する一考察」（『名古屋大学文学部研究論集』XCVII　史学三三）、西山克「豊臣『始祖』神話の風景」（『思想』八二九）、河内将芳「豊国社の成立過程について―秀吉神格化をめぐって―」（『ヒストリア』一六四、のち同著『中世京都の民衆と社会』所収）・同『秀吉の大仏建立』、津田三郎『秀吉の悲劇　抹殺された豊臣家の栄華』・同『秀吉英雄伝説の謎―日吉丸から豊太閤へ―』、野村玄「豊国大明神号創出過程に関する一考察」（『史学雑誌』一二一―一一、のち「慶長期初頭の政治情勢と豊国大明神」と改題されて、同著『天下人の神格化と天皇』所収）・同『豊国大明神の誕生　変えられた秀吉の遺言』などに詳しい。また拙稿「神に祀られた秀吉と家康―豊国社・東照宮―」（佐久間貴士編『よみがえる中世　二　本願寺から天下一へ　大坂』所収）・同「豊臣秀吉像と豊国社」（黒田日出男編『肖像画を読む』所収）・同「秀吉の神格化」（堀新・井上泰至編『秀吉の虚像と実像』所収）も参照されたい。
（5）（6）「台徳院殿御実紀」元和二年五月三日条（前掲）
（7）「本光国師日記」元和二年五月十二日条（『新訂　本光国師日記　第四』）

（8）「本光国師日記」元和二年五月二十一日条（前掲）

（9）この家康の神号をめぐる論争については、北島正元「徳川家康の神格化について」（『国史学』九四）、高藤晴俊『家康公と全国の東照宮　泰平と激動の時代を結ぶ東照宮めぐり』・同『日光東照宮の謎』・同「東照宮創建と神龍院梵舜の役割」（『地方史研究』二五〇）などに詳しい。また拙稿「神に祀られた秀吉と家康」（前掲）も併せて参照されたい。

（10）「本光国師日記」元和二年九月七日条（前掲）

（11）「台徳院殿御実紀」元和三年二月二十一日条（前掲）

（12）これら各地に勧請された東照宮分祀については、高藤晴俊『家康公と全国の東照宮』（前掲）に詳しい。

（13）大坂・天満の川崎東照宮については、拙稿「神に祀られた秀吉と家康」（前掲）・同「豊中市東光院蔵『川崎東照宮境内絵図』をめぐって」（『大阪の歴史』三一）の他、小島喜久男「大坂（大阪）天満『川崎東照宮』考」（『四天王寺国際仏教大学文学部紀要』二四）、中野光浩「近世大坂社会における天満川崎東照宮の歴史的位置―幕府・別当寺・民衆・武家の動向を中心に―」（『歴史評論』五六九、のち「近世大坂社会における天満川崎東照宮」と改題されて、同著『諸国東照宮の史的研究』所収）に詳しいので、参照されたい。

（14）これらの東照宮分祀についても、高藤晴俊『家康公と全国の東照宮』が網羅的研究を行なっている。また、中野光浩「武蔵・相模の東照宮―民間で祀る事例を中心に―」（『郷土神奈川』一八）・同「東照宮信仰の地域的展開とその限界―相模国足柄下郡今井村の陣場跡東照宮を事例として―」（『駒沢大学』四三、のち同著『諸国東照宮の史的研究』所収）・同「東照宮信仰の民衆受容に関する一考察」（『地方史研究』二三七、のち「東照宮信仰の民衆受容」と改題されて、同著『諸国東照宮の史的研究』所収）も併せて参照されたい。

（15）溝呂木家東照宮については、中野光浩「武蔵・相模の東照宮」（前掲）、高藤晴俊『家康公と全国の東照宮』（前掲）に詳しい。以下取り立てて記さないが、本稿の記述もこれらの成果に負うところが大きい。

（16）『大日本地誌大系　第三十八巻　新編相模国風土記稿　三』

（17）蓋裏の墨書のうち「常信筆」の部分のみ貼紙となっていて、異筆である。

（18）「文政九年二月　地誌調査の節溝呂木家東照宮由来書上」（『厚木市史　近世資料編〈2〉村落1』一一二号文書）

（19）先に第二節で紹介した伝狩野信筆の徳川家康画像（図5）がこれにあたる。

（20）「天保十一年四月　溝呂木家東照宮再建につき梓巫女神託」（『厚木市史　近世資料編〈2〉村落1』一一六号文書）

（21）長岡克衛「『ののー』巫女の研究」（『信濃』一〇―一二）。なお、梓巫女（梓神子）については、近年の研究成果に中野洋平「信濃における神事舞太夫と梓神子―信濃巫女の実像―」（小松和彦還暦記念論集刊行会編『日本文化の人類学／異文化の民俗学』所収）がある。

（22）～（25）　水木しげる『のんのんばあとオレ』

（26）神事舞太夫については、林淳「陰陽師と神事舞太夫の争論」（『人間文化』八）・同「相模国の舞太夫集団」（『地方史研究』二七四）・同「相模国の舞太夫集団の展開」（『愛知学院大学文学部紀要』二八）・同「神事舞太夫の家職争論」（『人間文化』一八、のち同著『近世陰陽道の研究』所収）、橋本鶴人「習合神道神事舞太夫に関する一考察」（『所沢市史研究』一九）・同「近世相州の神事舞太夫と神楽師集団の動向―愛甲郡萩原家・祓講を中心に―」（『民俗芸能研究』三六）・同「習合神道神職集団の形成と展開―近世武州における神事舞太夫の事例を中心に―」（『埼玉地方史』五六・五七）、鈴木晶子「田村家由緒書に関する一考察　その一」（『学苑』六五〇）・同「神事舞太夫の新資料」（『芸能』四一八）、佐藤晶子「西宮夷願人と神事舞太夫の家職争論をめぐって」（橋本政宣・山本信吉編『神主と神人の社会史』所収）、中野洋平「信濃における神事舞太夫と梓神子」（前掲）などを参照されたい。

（27）（28）　長岡克衛「『ののー』巫女の研究」（前掲）

（29）『浪速叢書　第七』

（30）ちなみに鈴木晶子「神事舞太夫の新資料」（前掲）では、田村八太夫の支配領域外である三河国における神事舞太夫の存在例が紹介されている。

（31）拙稿「近世大坂周辺地域における金毘羅信仰の展開」（大阪府教育委員会『歴史の道調査報告書　第七集　宗教の路・舟の路』、本書第一部第一章）

第九章　岡山市・西大寺鎮守堂安置 金毘羅大権現像の履歴

一　金毘羅大権現の像容

筆者は以前、江戸時代の金毘羅大権現像について、少しく検討したことがある(1)。

一般に金毘羅については、「薬師十二神将中の宮毘羅のこと(2)」と説明されるのであるが、江戸時代の金毘羅大権現として祀られていた像は、およそ宮毘羅大将とは異なった姿をしていた。

江戸時代の金毘羅大権現像の像容について記した文献を列挙してみると、まず、金毘羅別当金光院住職宥栄から直接話を聞いた岡西惟中が『一時随筆』（天和三年〈一六八三〉）の中で「形像は巾を戴き、左の珠数、吉(右)に檜扇を持玉ふ也。巾は五智の宝冠を比し、珠数は縛の縄、扇は利剣也。本地は不動明王也とぞ。二人の脇士有。これ伎楽、伎芸といふ也。これ則金伽羅と勢吒伽権現の自作也(3)」と記している。天野信景も『塩尻』（元禄年間～享保十八年〈一六八八～一七三三〉）で「讃州象頭山は、昆(マヽ)比羅を祀す。其像、座して三尺余、僧形なり。いとすさまじき面貌にて、今の修験者の所戴の頭巾を蒙り、手に羽団を取る。薬師十二神将の像とは、甚だ異なりとかや(4)」と記し、増田休意も『翁媼夜話』（延享二年〈一七四五〉）の中で「頭上戴勝、五智宝冠也、（中略）左手持二念珠一縛索也、右手執二笏子一利剣也、本地不動明王之応化、金剛手菩薩之化現也、左右廼名二伎楽技芸一金伽羅制吒迦也(5)」と述べている。

また幕末に金毘羅の当局者によって編まれた「象頭山志調中之麁書」自体、「優婆塞形也、但今時之山伏のことく持物者、左之手ニ念珠、右之手ニ檜扇を持し給ふ、左手之念珠ハ索、右之手之檜扇ハ剣ト申習し候、権現御本地ハ不動明王也、権現之左右ニ両児有、伎楽・技芸と云也、伎楽ハ今伽羅童子、技芸ハ制吒伽童子と申伝候也、権現自木像を彫み給ふと云々、今内陣の神躰是也(6)」と記しているのである。

これらを総合してみると、いみじくも『不動霊応記』が「金毘羅大権現ノ尊像ハ、苦行ノ仙人ノ形ナリ、頭ニ冠アリ、右ノ手ニ笏ヲ持シ、左ノ手ニ珠数ヲ持ス、口ノ鬚長ウシテ、尺ニ余レリ、両ノ足ニハワラヂヲ著ケ、頗ル役ノ行者ニ類セリ(7)」(傍点筆者)と表現したように、その姿は、われわれのよく知る役行者像を髣髴とさせるものであった。

二　西大寺鎮守堂の「金毘羅大権現」

さて筆者は、拙稿「近世大坂周辺地域における金毘羅信仰の展開(8)」の中で、こうした像容の金毘羅大権現像は「今日では目にすることができない」、すなわち行方不明であると述べたのであるが、そうしたところ、『九州八十八ケ所霊場』『九州三十六不動霊場』『新四国曼荼羅霊場を歩く』『四国別格二十霊場巡礼　法話と札所案内』など巡礼関係の多数の著書で知られる冨永航平先生より、神仏分離の際に金毘羅を離れた金毘羅大権現像が、〝裸祭り〟で有名な岡山市の西大寺に安置されているとのご教示を得た(9)。

以来、西大寺の金毘羅大権現が一体どのような姿をした像であるのか、是非拝観させていただきたいと願ってきたのであるが、多用が続き、調査のお願いさえできぬまま、あっという間にご教示をいただいてから八年の歳月が流れてしまった。ようやく平成十一年三月九日、西大寺ご住職坪井全広師の格別のお計らいにより、念願を果たすことができた（図1）。調査は、仏教美術を専門とされる大阪市立美術館主任学芸員の石川知彦氏の協力を得て行なったが、結論から先にいうと、同寺鎮守堂内正面に安置される仏像三躰の内、中央と正面向かって左の二躰の像が「金毘羅大権現」として祀られており、中央が像高一二七・〇センチメートルの不動明王像、左のものが邪鬼から兜までの総高が一一七・五センチメートルの毘沙門天像であった。大きさは違うがともに同形式の厨子に納められていて、毘沙門天像の方の厨子の内側には、ちょうど像の腰のあたりのところに、

毘沙門天
此尊像故有て更々
西京之仏司ニ命し
日ならず成工上
　朝廷下は国家万
民安全子孫繁昌
のため敬て安
置し畢
于時明治三年
　　庚午孟春
備陽岡山藩知事
源朝臣池田章政
　　　　謹誌

図1　金毘羅大権現の祀られる西大寺鎮守堂

との墨書が記されていた。池田章政（一八三六～一九〇三）は、明治元年三月に最後の岡山藩主となった人物で、同二年六月岡山藩知事となり、明治四年廃藩置県により藩知事を免ぜられ東京に移住した。

三　「金毘羅大権現」遷座の経緯

ところで、岡山県立博物館に寄託されている西大寺文書には、この金毘羅大権現像にかかわる史料がいくつか含まれている。その一つが「金毘羅大権現由縁記」と書かれた包紙に納められた次の史料で、明治十五年三月五日に西大寺観音院住職長田光阿が記したものである。

金毘羅大権現略縁記

当山江奉安鎮金毘羅大権現者、素ト讃岐国那賀郡金毘羅邑象頭山金光院ニ安置シ、其盛乎可知也、然ルニ年月ヲ経過シ、維新之際ニ至リ、当時之寺務者、何之故乎、仏像ヲ以テ神ナリト奏之、堂宇悉ク神道ニ変擬ス、依之彼仏像ヲ幽蔽シ、自来又祭ル者無シ、爰ニ明治三年有字法眼者、彼之尊像祭祠不如意ヲ歎キ、自ラ二體ノ尊像ヲ乞受而郷ニ帰リ、仮リニ同苗悦治ノ弟（第）ニ置而、後光阿ニ祭祠センヿヲ請フ、然トモ時未至矣、彼宥明者、備前上道郡内七番君津村之産而、角南助五郎二男ナリ、幼而師於金光院権大僧正宥天而随学、象頭山内神護院ニ住職シ、又転シテ万福院ニ住ス、後金刀比羅邑安波町福田氏ニテ上僊ス、時明治七年七月十二日也、宥明之為性蓋シ可謂愛著仏像者矣、而右仏像金毘羅大権現者世尊ノ所作ト伝唱ス、又不動明王者宗祖之所作ナリ、故ヲ以テ信仰之者日々ニ月々ニ盛也、而当国前知事　池田章政公者、厚ク信心之命于市街下、出石村円務院住職大忠令祭之、以テ天下安静ヲ祈ル矣、于時政府廃藩之令出テ諸知事ヲ廃ス、依而知事東京ニ趣ク、而大忠故有テ大念ニ譲ル、而尊像祭祠不意、是ヲ以テ本院光阿迎而祭祠セントス、其臣杉山直及岡野篤等ニ之ヲ謀ル、而二人公ニ告ルニ彼ノ寺之衰ヲ以テス、公又之ヲ許諾ス、乃チ命於本院遷移、既而光阿撰日、迎祭祠焉、当此時寺務者謂出還尊像、則以彼之寺益衰、依之防禦之資金若干ヲ以テス、此事件之成ルヤ、偏ニ杉山氏之尽力、其功居多ト云、

金毘羅大権現由縁ヲ略記云

本院

明治十五年壬午三月五日奉迎　光阿

これによれば、これら二躰の仏像は元来讃岐国の金毘羅（金光院）に祀られていたものであるが、明治維新にともなう神仏分離によって、金毘羅は堂宇ことごとく神社に変わり、これらの仏像も神殿の奥深くに幽閉されてしまい、誰もこれを祭祀する者がいない状態になってしまった。これを憂えた有字法眼（宥明）は、二躰の仏像を譲り受けて自らの故郷である備前上道郡君津村（現、岡山市東区君津）の親戚角南悦治宅にこれを移し、光阿にその祭祀を依頼したが、時いまだ熟せず、実現はしなかった。この宥明という僧侶は君津村角南助五郎の二男で、幼くして金毘羅別当金光院住職宥天大僧正に師事して学び、象頭山内の神護院住職、次いで万福院住職を歴任し、明治七年七月十二日にこの世を去ったという。二躰の仏像の内、金毘羅大権現は釈迦が作ったもの、不動明王は宗祖弘法大師空海が作ったものと伝承され、角南家に祀られた両像は日を経るごとに多くの人の信仰を集めるようになった。当時備前の藩知事であった池田章政は大変信仰心の厚い人で、岡山城下出石村（現、岡山市北区出石町）の池田家祈禱所円務院の住職大忠にこれを祀らせて、市街の人々にこれを信仰するよう命じ、以て天下安静を祈らしめた。けれども明治新政府が廃藩の命令を出し知事が廃されることとなったため、池田章政は東京に移ることとなった。円務院の住職は故あって大忠から

大念に譲られていたが、二躰の仏像は満足に祭祀されていなかったため、光阿は自らこれを迎えて祭祀せんと決意し、池田家の家臣杉山直・岡野篤らに協力を要請した。両名が章政に諮ったところ、円務院は寺自体衰微しつつあり、仏像のためにも移した方がよかろうとこれを許し、その結果、両像は西大寺に遷座することになったのだという。光阿は良き日を選びこれを迎えて祭祀しようと思っているが、円務院の方では両像を奪われては益々寺が衰微するとこれに納得しないため、若干ではあるが円務院にお金を渡し、ようやく遷座が実現する運びとなった。これも偏に杉山氏の多大なる尽力があったればこそ、と光阿は締め括っている。

これに関しては、略縁記の中にその名が出てきた岡野篤に宛てた、明治十五年四月十七日付の桑原越太郎の書簡も遺されている。

先年円務院江池田家ヨリ安置被致候不動尊・毘沙門天二躰之義ハ、当時杉山直祭典之者ニ付、其縁故ヲ以テ、右二躰、今般西大寺へ遷座致度段、両寺熟議之上、陳述方同人江及依願候ニ付、其旨東京本邸へ申出候処、頼意ニ被為任候由、尤此件ニ付テハ、素々御関係之義モ不尠候間、承諾被致候義、貴殿ゟ両寺へ御伝達相成度候、及御伝候様、直ヨリ依願書差送間、此段及御通知候也

十五年

四月十七日　桑原越太郎印

岡野　篤殿

二伸、本章之後、両寺へ御伝達之上ハ、将来不都合無之様、御注意有之度段モ、併テ申被遣候様トノ依頼ニ御座候也

桑原越太郎は、当時内山下（現、岡山市北区内山下）にあった池田家事務所につとめていた人物かと思われ、杉山直

から提出された、円務院の不動尊・毘沙門天の二躰を西大寺に遷座させたいとの願いについて、東京の池田家本邸に伺いをたてたところ、希望どおりにせよとの回答が得られた、と伝えている。ただし、将来にわたって両寺の間で問題が生じないように配慮せよ、とも述べている。

岡野篤より杉山直にその決定が伝えられたのであろう、同年六月付で杉山は光阿に対し、次のようにそれを報じている。

備前国御野郡上出石村円務院ニ鎮座相成居候旧金毘羅大権現本地仏ト称シ候毘沙門・不動ノ二軀、今般同院協議之上、其院ヘ譲受遷坐相成候旨、池田従三位殿ヘ申達候処、被聞置候トノ事ニ候、此段及御伝達候也

明治十五年

六月　　杉山　直

備前国上道郡西大寺村

観音院住職

長田光阿殿

また翌々年光阿は、桑原越太郎に対し、次のように、金毘羅大権現祭祀のため、池田家の家紋の入った提灯・幕・祭器等を用いたいが、かまわないでしょうかと尋ね、

奉伺

一、金毘羅大権現祭祀為荘厳之挑(提)燈并幕・祭器等、御紋付相用度奉存候、不苦候哉、此段奉伺候、宜上申可被下候也

西大寺観音院住職

明治十七年　　　　長田光阿㊞

桑原越太郎殿

「㊞（朱書）御書面之趣、承届候事

十七年七月廿八日　桑原越太郎㊞」

同年七月二十九日付で「内山下　池田家事務所」から、円務院で使っていた麻幕・紫絹幕を同院から返上させたと、次のような回答を得ている。

記

一、麻幕　　　壱張

一、紫絹幕　㊞　半張

右者、圓務院ゟ返上之分、正ニ落手致し候也

十七年　　　内山下

七月廿九日　池田家事務所㊞

西大寺住職御中

四　「金毘羅大権現」の正体

以上の検討によって、江戸時代金毘羅に祀られていた不動明王・毘沙門天の二躰が、宥明によって彼の故郷である備前上道郡君津村の角南悦治宅にもたらされ、同家で祀られたのち、藩知事池田章政によって同家祈禱所たる円務院

に移され、次いで西大寺に遷座されたという経緯が具体的に明らかとなった。先に記した、毘沙門天像を納めた厨子に記された池田章政の墨書は、章政が角南悦治宅から両像を引き取り円務院に移すにあたって、京都の仏師に命じて両像を修理させるとともにそれぞれに合う厨子を新調させたことを記したものであろう。岡野篤宛の桑原越太郎の書簡、また長田光阿宛の杉山直書簡の日付よりすれば、明治十五年三月五日付の「金毘羅大権現略縁記」は遷座に先がけて光阿が誌したものと判断される。

ところで「略縁記」の中で光阿は「右仏像金毘羅大権現者世尊ノ所作ト伝唱ス、又不動明王者宗祖之所作ナリ」と記しており、これによれば二躯の内一躯が金毘羅大権現で、残りの一躯が不動明王ということになる。先に引用した史料でも「本地は不動明王也とぞ」（『一時随筆』）・「本地不動明王之応化」（『翁媼夜話』）・「権現御本地ハ不動明王也」（「象頭山志調中之麁書」）などと記されるから、二躯の内不動明王が金毘羅大権現の本地仏であったことは疑いないが、他の一躯毘沙門天像をもって金毘羅大権現像とする見解はどうであろうか。先に記したように、役行者の如き像容をした江戸時代の金毘羅大権現像とは、全く姿を異にするからである。

これについては興味深い史料がある。承応二年（一六五三）七月十八日から同年十月二十六日まで、九十一日間にわたって四国八十八ヶ所を巡り歩いた京都・智積院の澄禅大徳が綴った『四国遍路日記』がそれで、澄禅は途中に立ち寄った金毘羅について、「金毘羅ニ至ル。（中略）坂ヲ上テ中門在四天王ヲ安置ス、傍ニ鐘楼在、門ノ中ニ役行者ノ堂有リ、坂ノ上ニ正観音堂在リ是本堂也、九間四面其奥ニ金毘羅大権現ノ社在リ。権現ノ在世ノ昔此山ヲ開キ玉テ吾寿像ヲ作リ此社壇ニ安置シ其後入定シ玉フト云、廟窟ノ跡トテ小山在、人跡ヲ絶ツ。寺主ノ上人予カ為ニ開帳セラル。扨、尊躰ハ法衣長頭襟ニテ□ヲ持シ玉リ。左右ニ不動毘沙門ノ像在リ」[10]（傍点筆者）と、ときの金毘羅別当金光院住職宥典が特別に開帳してくれ、金毘羅大権現像を拝することができたと書き留めている。これによってもやはり金毘羅大権現像そのものは、「尊躰ハ法衣長頭襟ニテ□ヲ持シ玉リ」と表現されるように、役行者の如き像容をしていたことが確認されるが、併せてその脇に「不動・毘沙門」の二躰が祀られていたことが知られるのである。明治維新後金毘羅を離れ、現在西大寺鎮守堂に安置される不動明王・毘沙門天の両像はまさしくこの二躰にほかならないのであろう。

ついでながら、澄禅の『四国遍路日記』の金毘羅大権現像に関する記述について少し検討を加えておくと、彼はこの役行者の如き像容をした金毘羅大権現像に関して、「権現ノ在世ノ昔此山ヲ開キ玉テ吾寿像ヲ作リ此社壇ニ安置シ其後入定シ玉フト云」と記している。このうち「昔此山ヲ開キ」という箇所に注目すると、『金毘羅大権現深秘神霊考』に「又神の告によりて役小角、初而此山を開く[11]」と記されるように、象頭山には役行者開山伝承が語られていたから、金毘羅大権現像は役行者像そのものであったと考えられなくもないが、それに続く「吾寿像ヲ作リ此壇ニ安置シ其後入定シ玉フ」という部分に着目すると、これは、『中国名所図会』に、

慶長のころ、本坊の三十代に名金剛といふて、心偪《あく》まで猛くして信心堅固なる住僧のおはしける。この頃、年既に十ケ年、山内の荒振《あらぶる》事夜々愁ひ、日々に恐怪あり。住僧金剛坊おもへらく、神前に祈りてそのしるしなし。また身に怠る事なし。何度顧るといへど、さらに神の咎に逢ふ事もあらじ。これ偏へに魔道の諸人、神の譏じ奉り万民をなやましむなるべし。我一心を発して魔道に入りて、この難を避けん。さらに身命を捨てて願望の成就せん事を乞ふ。次に別当の職、昔より当山の御神体を拝み奉りし者なし。生て帰らば神の御咎もあらん。死後におよんで願望成就いたさば、その印しを置かんと、みづから木像を彫刻し弟子に告げて曰く、我必らず神窟に入らば、一命を神生かして置きたまふべからず。願望成就させんとの御ちかひならば、かならず木像の身体に黶《あざ》を発すべし。しかれば魂魄この山にとどまって、永く一山の守護とならん。自ら木像を観音堂の裏の間に安置し、一

百日の行法を尽くして、神前なる神窟にして二十一坐の大護を修行し、終りて鍵を以て神窟の御戸をひらき入りたまふ。衆僧手に肝をにぎり修法を行ひけるに、やや暫時して読経のこゑ遥かに聞こえ、鈴の音しづまりければ、内より□のごとく金剛坊、身体をなげ出されて息絶えにけり[12]。

と記される近世初頭の金光院住僧金剛坊のことと考えた方がよさそうである。『古老伝旧記』は彼のことを、

一、宥盛　慶長十八癸丑年正月六日、遷化と云、井上氏と申伝る

慶長十八年より正保二年迄間三十三年、真言僧両袈裟修験号金剛坊と、大峰修行も有之、常に帯刀也、金剛坊御影修験之像にて、観音堂裏堂に有之也、高野同断、於当山も熊野山権現・愛岩（宕）山権現南之山へ勧請有之、則柴燈護摩執行有之也[13]（傍点筆者）

と記している。したがって江戸時代〝金毘羅大権現〟として祀られていた修験者の姿をした木像は、慶長十八年（一六一三）に没した金毘羅別当金剛坊宥盛であったと考えるのが妥当であろう[14]。

五　三所詣り

西大寺といえば、何と言っても〝裸祭り〟（岡山県指定無形民俗文化財）であるが、この〝裸祭り〟、正式には会陽《えよう》といい、本来は正月元旦から十四日間にわたって執行される修正会の結願の行事で、修正会で祈封した牛玉を参詣者に投授するというものであった。現在の、陰陽二本の宝木《しんぎ》を、群がる信徒たちが褌一本の裸体で激しく奪い合う〝裸祭り〟は、いわば「牛玉信仰が特異な行事に発展したもの[15]」と位置づけられるわけであるが、その西大寺における牛玉信仰の中核が、金毘羅大権現とともに鎮守堂に祀られる牛玉所大権現である。もちろん明治十五年に〝金毘羅

大権現〟（不動明王・毘沙門天の二躰）が遷座してくるまでは鎮守堂に祀られていたのは牛玉所大権現のみであったわけで、西大寺では金毘羅大権現・瑜伽大権現（岡山県倉敷市の瑜伽山蓮台寺）の「両参り」[16]にこの牛玉所大権現を加えた「三所詣り」を喧伝した。事実現在も、竜宮城の門を模して文政二年（一八一九）に建立された石門を潜って出たところ、吉井川の旧河畔に、

（竿正面）

金毘羅大権現

（竿右面）

瑜伽大権現

（竿左面）

牛玉所大権現

（竿裏面）

嘉永七年歳在庚戌六月新建焉

（基礎正面）

玉垣講連中

と刻まれた常夜燈が建っている（図2）。

坪井ご住職は、「新たに金毘羅大権現をお迎えし、『三所詣り』の内の二つまでも、お祀りすることができるようになった当時の長田光阿住職の喜びはどれほどだったでしょう」と感慨深げに語っておられた。

図2　旧吉井川河畔に建つ常夜燈

金毘羅大権現・瑜伽大権現・牛玉所大権現という「三所」の名が刻まれている。

〔付記〕　金毘羅大権現像の調査をご快諾いただいた西大寺ご住職坪井全広師、調査にご協力いただいた大阪市立美術館主任学芸員石川知彦氏、岡山県立博物館寄託西大寺文書の閲覧に便宜をはかってくださった同館副館長加原耕作氏・同館学芸課主査上林栄一氏、そして西大寺鎮守堂安置の金毘羅大権現像の存在についてご教示をいただいた冨永航平先生に末筆ながら感謝の意を表します。

〔註〕

（1）拙稿「近世大坂周辺地域における金毘羅信仰の展開」（大阪府教育委員会『歴史の道調査報告書　第七集　宗教の路・舟の路』、本書第一部第一章）

（2）佐和隆研編『仏像図典』の「金毘羅」の項

（3）『日本随筆大成』第二期第二巻

（4）守屋毅「金毘羅信仰と金毘羅参詣をめぐる覚書―民間信仰と庶民の旅を考えるために―」（『愛媛大学教養部紀要』九、のち民衆宗教史叢書一九『金毘羅信仰』所収）所引

（5）松原秀明「金毘羅信仰と修験道」（山岳宗教史研究叢書一二『大山・石槌と西国修験道』、のち民衆宗教史叢書一九『金毘羅信仰』所収）所引

（6）松原秀明「金毘羅信仰と修験道」（前掲）所引

（7）近藤喜博『金毘羅信仰研究』所引

（8）前掲

（9）冨永先生の著書『中国三十三所観音巡礼　法話と札所案内』の「第一番　金陵山観音院西大寺」の項に、「鎮守堂に

は一山の守護神である牛玉大権現と、金毘羅大権現を合祀している。（中略）金毘羅大権現は数奇な運命をたどって西大寺にもたらされた。明治の廃仏毀釈のとき、金毘羅宮は神社に改まったが故に、本地仏であった像は憂目をみた。篤信者の縁によって池田公のもとに移り、廃藩置県のあと西大寺に勧請した。金毘羅大権現のご神体はこの地に坐す。となれば、由加山に加えて三所詣りを適えたいものである」と記されている。

（10）宮崎忍勝解説・校注『澄禅　四国遍路日記』。□の一字は、第一章で掲げた諸史料により、「扇」または「笏」である可能性が高いと思われる。

（11）近藤喜博『金毘羅信仰研究』所引

（12）『日本名所風俗図会　十七　諸国の巻Ⅱ』

（13）『新編　香川叢書　史料編㈠』

（14）印南敏秀氏はその論考「住吉信仰から金毘羅信仰へ」（『海と列島文化　九　瀬戸内の海人文化』）の中で、既に、「金毘羅と山とのかかわりでいえば、金毘羅は修験の山であり、金毘羅神は天竺から飛来して象頭山の神窟に鎮座した神で、その姿は修験者であるといわれている。（中略）この金毘羅神が修験の姿をしているという言い伝えは、金光院の初期の院主が修験とかかわりが深かったことと関係しているようにも思われる。なかでも宥盛は、慶長十一年（一六〇六）、自らの姿を木像に刻み、その底に『入天狗道沙門金剛坊像（後略）』と彫り込むほどであった。金剛坊、すなわち宥盛の像は、観音堂脇に祀られていたが、参拝者に祟るため、観音堂の後堂に祀りなおされたという。この金剛坊が修験者の姿をしており、その言い伝えのもとは、あるいは金剛坊であるかもしれない」と推測しておられる。筆者は本文に記したとおり澄禅の『四国遍路日記』の記述よりして、印南氏の推測を妥当と考えるものである。

なお、金毘羅への参詣道中案内図に天狗のイラストが描かれたり、金毘羅道者が天狗面を背負って歩くなど、金毘羅＝天狗という認識が広く一般的に普及したが、それには、「入天狗道沙門」と称した金剛坊の自刻像がすなわち金毘羅大権現像であったことが少なからず影響していると思われる。

（15）　冨永航平『中国三十三所観音巡礼』（前掲）

（16）　金毘羅大権現・瑜伽大権現の「両参り」については、松原秀明「金毘羅信仰と修験道」（前掲）、拙稿「近世大坂周辺地域における金毘羅信仰の展開」（前掲）を参照されたい。

（補注）　元興寺文化財研究所の高橋平明氏より、修験者の姿をした金毘羅大権現像が新たに見つかったとお知らせいただいた。この像はその後、平成十九年十月十三日から十一月十八日の会期で滋賀県立安土城考古博物館で開催された特別展『戦国・安土桃山の造像Ⅱ―神像彫刻編―』で展示・公開され、同展図録に図版掲載されている。「寛永二年（一六二五）五月卅日」の墨書銘を持つ本像は、讃岐の金毘羅本社の像そのものではないが、本社の金毘羅大権現像の像容を考える上できわめて貴重な作例である。

第十章　奈良県大宇陀の金毘羅燈籠をめぐって

1

大阪の都心上本町から近鉄大阪線の急行に乗ると、大和三山や三輪山を車窓に見ながら電車は五十分ほどで榛原駅に滑り込む。そこからバスに乗り換えてまた二十分ほど行くと山間の閑静なまち、奈良県宇陀《うだ》市大宇陀《おおうだ》区に到着する。

宇陀の地は、かの神武東征説話の中で、八咫烏《やたからす》に導かれた神武天皇が熊野より山を踏み分けて初めて大和入りを果たした地と記され、(1)宇陀市榛原区高塚にはこの伝承に基づく八咫烏神社が存在する。また現在伊勢神宮にまつられる天皇家の祖先神天照大神は、もともと「天皇の大殿の内」に倭大国魂神とともに祀られていたが、神の勢強く共に住むこと能《あた》わざるため天照大神は崇神天皇の皇女豊鍬入姫命《とよすきいりびめのみこと》に、倭大国魂神は同じく皇女渟名城入姫命《ぬなきいりびめのみこと》にそれぞれ託された。(2)これより天照大神は大和国笠縫邑《かさぬいむら》にて斎き祀られることとなったが、豊鍬入姫命にかわって神霊を託されることとなった垂仁天皇の皇女、倭姫命《やまとひめのみこと》は御杖代《みつえしろ》となって近江・美濃等各地を巡歴し、ようやくにして伊勢国に到り、ここに天照大神は永遠《とわ》に鎮まり坐《ま》したと記される。(3)鎌倉時代に成立したと考えられる『倭姫命世紀』はこの天照大神の御杖代となった倭姫命の巡幸を詳しく述べるが、(4)それによれば倭姫命に奉斎された天照大神の神霊は、倭姫命が豊鍬入姫命より託されてまず最初に「大和国宇多秋宮」に四年間留まったと記されている。この「宇多秋宮」に比定されるのが阿紀神社で、こんにちも大宇陀区迫間に鎮座している。

この他、大宇陀区に隣接する菟田野《うたの》区には、『延喜式』神名帳「宇陀郡十七座」(5)の筆頭にあげられる宇太水分《うたみくまり》神社も鎮座して鎌倉時代の社殿(国宝)をこんにちに伝えており、同じく同区には、当麻曼荼羅で知られる中将姫が継母によって命を奪われるところ、殺害を命じられた松井嘉藤太夫妻がこれを憐れんで命を助け、山中密かに姫を育んだ故地と伝えられる日張山青蓮寺《ひばりやませいれんじ》(6)もあるなど、まさに宇陀の地は神話伝承の世界から長い長い歴史の息吹を感じさせてくれる。

2

ところで、先に紹介した阿紀神社の能舞台が織田長頼の寄進であるように、近世初頭宇陀の地は織田家松山藩(別称宇陀藩)の領するところとなった。この松山藩主織田家は、かの織田信長の次男信雄が大坂夏の陣後の元和元年(一六一五)七月に徳川幕府より大和宇陀郡三万一二〇〇石余、上野国小幡にて二万石の総計五万一二〇〇石余を賜ったことに端を発するもので、信雄自身は京都北野の邸で風流三昧に明け暮れ封地宇陀に赴くことはなかったが、二代藩主となった信雄の五男高長は松山(こんにちの大宇陀)に住し、以後三代藩主長頼・四代藩主信武と大宇陀は織田家松山藩の城下町として栄えた。しかし四代藩主信武が重臣の生駒則正・田中安定を斬って自らも自害し果てたため幕府より咎《とが》めをうけ、信武の嫡子信休は八〇〇〇余石を減じられて丹波国柏原へと転封なった(7)。

このいわゆる「宇陀崩れ」によって松山藩は廃絶となり、以後宇陀の地は幕府直轄領となるのであるが、現在も大宇陀には信雄から信武に至る四代の墓所が営まれた織田家菩提所徳源寺がのこる。また織田家の祈願所であった大願寺もこんにち法燈を伝えているが、この大願寺の境内に「享和三(一八〇三)亥年三月十日」に「松山町講中」によって建立された「金毘羅大権現」の石祠が祀られている。これにより、この山間の大宇陀の地にも金毘羅大権現を信仰する講が組織されていたことが知られるのである。

3

さて、先にも記したようにこんにちの大宇陀の地は、近世初頭には松山藩主織田家がその本拠を置いたわけであるが、もともとこの地には南北朝期以来秋山氏が国人領主として活躍しており、室町時代には伊勢国司北畠家の家臣宇陀三将の一人として勇名を馳せた。この秋山氏は、現在の大宇陀区春日の古城山に秋山城を築いてその本拠としていたが、天正十三年(一五八五)の豊臣秀長大和入国に際して秋山氏は追放となり、その後は秀長の家臣が入れ替り立ち替り入城し、さらに慶長五年(一六〇〇)十一月には関ヶ原の戦功を賞された福島正則の弟福島高晴が伊勢長島より入封。この福島氏時代に秋山城は松山城と改名されて、御本丸・御加番・大御殿・二の丸といった広大な曲輪《くるわ》を有する近世城郭へと生まれ変わった(8)。また城郭とともに城下町の整備も併行して行われたが、いまに遺る西口門(通称黒門、国指定史跡)は松山城の大手筋にあって城下への入口に建てられたものである。

この西口門から宇陀川に架かる大橋を渡るとすぐ右手に愛宕社と琴平社の小祠が並んで建つが、この両祠の神門前には二つの常夜燈が並び建っている(図1)(9)。向かって左が「寛政十二(一八〇〇)庚申正月吉日」(竿裏面)に「明山講中先達大善院定心」(竿右面)によって建立された「大峯山上」(竿左面)、「常夜燈」(竿正面)である。一方右側(図2)は、「宝暦七(一七五七)丁丑歳正月吉祥日」(竿右面)に「講中」(竿裏面)によって建てられた「金毘羅大権現」(竿左面)、「常夜燈」(竿正面)で、先の大願寺境内の石祠より約五十年も早い時期に既に松山町内に金毘羅講の組織のあったことがわかるのである。

しかし驚くべきは、その宝暦七年という年紀で、大阪府下で確認された最古の金毘羅燈籠が建てられた明和八年

図1　神門前に建つ大峯燈籠（左）と金毘羅燈籠

図2　金毘羅燈籠

（一七七一）[10]より実に十四年も古いのである。

これまで金毘羅信仰といえば、まず高松藩・丸亀藩の江戸屋敷に祀られた金毘羅祠や、大坂の同じく高松藩・丸亀藩の蔵屋敷に祀られた金毘羅祠によってその信仰に火がつき、それが徐々に周辺地域にも広がってゆくという普及・流布の過程が想定されていたが[11]、この山間の地大宇陀に遺る一基の金毘羅燈籠がそうした考えに再考を促しているのであろうか。

4

大宇陀、すなわち近世の松山町が「宇陀崩れ」の後、幕府直轄領に組み込まれたことは先に記したとおりである。

ところで、八代将軍吉宗の代に幕府は薬種の国産化をはかり、江戸には小石川薬園が開かれ、また諸国には人を派遣して薬草の収集が行なわれた。その採薬使の一人植村佐平次が大和を訪れた際、大和代官の推挙によって御薬草見習として植村の案内役を勤めたのが、農業のかたわら葛粉の製造に携わっていた森野藤助（賽郭）で、彼は植村から厚い信頼を得て苗字帯刀を許され、享保十四年（一七二九）には自宅の裏山に薬草園を開いたが、この薬草園は幕府の補助機関としての扱いを受けた。この藤助の開いた薬草園こそ、「元祖吉野葛」の看板を掲げる森野旧薬園（国指定史跡）である(12)。

こうしたことから大宇陀の地は、こんにちも主要な製薬会社の本社が建ち並び〝くすりのまち〟として全国的に知られる大坂道修町《どしょうまち》とも深い関係にあったようで、例えば幕末の石工として著名な丹波佐吉(13)の手になる大宇陀の神楽岡神社の狛犬は「嘉永七（一八五四）甲寅歳四月吉日」に薬種中買仲間に名を列ねた(14)「大坂道修町近江屋彦兵衛」が「大坂北浜壱丁目近江屋政七」とともに寄進したものである。

この神楽岡神社の狛犬に象徴されるように、森野藤助が薬草園を開いた享保年間以降、薬種を通じて大宇陀の地は大坂との間に往来が頻繁になったようであるが、それ以外にも吉野杉・宇陀紙・大和絣など特産物の集散地としても大消費地大坂とは密接な関係にあり、それがこの山間の地にいちはやく金毘羅信仰をもたらした要因(15)ではなかったかと思うのである。

〔註〕

（1）『日本書紀』神武天皇即位前紀戊午年六月条
（2）『日本書紀』崇神天皇六年条
（3）『日本書紀』垂仁天皇二十五年三月丙申条
（4）この倭姫命の巡幸譚については、大阪府神社庁編『伊勢の神宮―ヤマトヒメノミコト御巡幸のすべて―』があるので、参照されたい。
（5）先に紹介した八咫烏神社・阿紀神社も同じく「宇陀郡十七座」のうちに数えられる。

（6）尼寺三十六所霊場会編『尼寺三十六所法話巡礼―浄心の旅・尼寺めぐり―』

（7）松山藩主織田家については、『藩史大事典　第五巻　近畿編』ならびに『三百藩藩主人名事典　第三巻』を参考とした。

（8）秋山城（松山城）については、『三百藩藩主人名事典　第三巻』ならびに『日本城郭大系　第十巻　三重・奈良・和歌山』を参考とした。

（9）写真は、一九九二年一月三日に撮影したもの。

（10）拙稿「近世大坂周辺地域における金毘羅信仰の展開」（大阪府教育委員会『歴史の道調査報告書　第七集　宗教の路・舟の路』、本書第一部第一章）所載「〈表3〉大阪府下金毘羅燈籠一覧」を参照されたい。

（11）宮田登「金毘羅と富士信仰―江戸の民間信仰―」（民衆宗教史叢書一九『金毘羅信仰』所収）、拙稿「近世大坂周辺地域における金毘羅信仰の展開」（前掲）

（12）森野旧薬園については、上方史蹟散策の会編『伊勢本街道　上』を参考とした。

（13）「但州竹田産　作師照信（花押）」の銘が刻まれている。彼はまた先に触れた織田家菩提所徳源寺にも石造の布袋像を遺している。なお、丹波佐吉については、金森敦子『旅の石工―丹波佐吉の生涯』が詳しいので、参照されたい。

（14）道修町文書保存会『道修町文書目録―近世編―』一〇三〇一三号「薬種中買仲間名前帳（嘉永四年三月）」にその名が見出せる。なおこの件については、藤川永子氏のお手を煩わせた。

（15）例えば高松藩の大坂蔵屋敷に金毘羅神が勧請されたのは延享元年（一七四四）のことで、その後一般の参詣を断りきれないという理由で明和四年（一七六七）一旦金毘羅祠は取り払われたが、天明七年（一七八七）再び勧請されている（神田秀雄「近世後期における宗教意識の変容と統合―創唱宗教の成立と先行する宗教事象との関係をめぐって―」（『日本史研究』三六八）。これよりしても大宇陀の金毘羅燈籠がいかにはやく建てられたかがうかがい知れる。

あとがきにかえて――私と金毘羅信仰研究

本書は、過去に発表した金毘羅信仰に関する拙文を一冊にまとめたもので、初出は以下のとおりである。本書収録にあたっては、史料の所蔵先を現在の所蔵先に改めるなど、若干の加筆・修正を行なったが、概ね初出時のままで、調査などでお世話になった方々の肩書きも当時のままとなっている。

第一部

第一章「近世大坂周辺地域における金毘羅信仰の展開」
（『歴史の道調査報告書　第七集　宗教の路・舟の路』、一九九一年三月、大阪府教育委員会）

第二部

第二章「近世奈良の金毘羅信仰と十念寺」
（『文化財協会報』平成五年度特別号、一九九四年三月、香川県文化財保護協会）

第三章「〝米子の金毘羅〟瑞仙寺―その創祀と神仏分離をめぐって―」
（『文化財協会報』平成七年度特別号、一九九六年三月、香川県文化財保護協会）

第四章「豊臣秀吉が信仰した⁉　金毘羅大権現像―伏見・宝福寺―」
（『ことひら』五一号、一九九六年三月、琴平山文化会）

第五章　「関ヶ原古戦場に祀られた金毘羅」
（『ことひら』五〇号、一九九五年三月、琴平山文化会）
第三部
第六章　「河内国三日市宿と金毘羅参詣者」
（『ことひら』五二号、一九九七年三月、琴平山文化会）
第七章　「金毘羅参詣、紀州加太～阿州撫養ルートに関する史料」
（『ことひら』五三号、一九九八年三月、琴平山文化会）
第四部
第八章　「東照宮の相殿に祀られた金毘羅」
（『ことひら』五六号、二〇〇一年三月、金刀比羅宮）
第九章　「岡山市・西大寺鎮守堂安置　金毘羅大権現像の履歴」
（『ことひら』五五号、二〇〇〇年五月、金刀比羅宮）
第十章　「奈良県大宇陀の金毘羅燈籠をめぐって」
（『ことひら』四九号、一九九四年三月、琴平山文化会）

さて、私事でたいへん恐縮であるが、昨年（二〇一六）十一月五日、母北川田鶴子が享年八十二で亡くなった。二〇一四年九月十二日には父北川英夫が享年八十五でこの世を去ったが、母は脳内出血で倒れた父を一年半にわたり介護し、これからは少しゆっくり老後の生活を楽しんでもらおうと思った矢先の死去であった。

私は大阪府松原市大堀に生まれ育ち、今もそこに住んでいるが、母は同市三宅の生まれで、地域ではそれなりの「良家の子女」であったので、「女が自転車に乗るのははしたない」と躾られて育ち、生涯自転車に乗ることができなかった。

大堀は松原市恵我地区の中心で、松原市立恵我小学校や恵我幼稚園、また恵我農協、警察の駐在所などがあり、国鉄関西本線の平野駅、近鉄南大阪線の河内天美駅・恵我ノ荘駅などに近鉄バスが通じていた。

私が幼い頃、大堀の集落内には三軒の八百屋（よろずや）があり、豆腐屋や、二軒の菓子屋、三軒の饅頭屋、下駄屋（履物店）、荒物屋、文房具屋、パン屋、すし屋、うどん屋、二軒の大衆食堂、電器屋、燃料店、散髪屋など様々な店舗が揃っており、行商でもいろいろなものを売りに来たので、ふだんの買い物は集落内で済ませていたが、ちょっとした買い物になると、近鉄バスで河内天美駅前の商店街や大阪市東住吉区（現、平野区）の平野の商店街に出かけたり、あるいは大和川を越えて隣に位置する大阪市東住吉区（現、平野区）川辺は大阪市営バスの終点だったので、そこから市バスに乗って近鉄南大阪線の針中野駅前の商店街に行ったりした。

時折、家から歩いて近鉄南大阪線の藤井寺駅前の商店街にも出かけた。三・五キロほどの距離があり、母に連れられ、二歳年下の弟も一緒に歩いた。大堀から小川を経て羽曳野市の島泉に至る。ここには重要文化財の吉村邸があり、当時はここでテレビ時代劇「水戸黄門」のロケも行なわれた。

この島泉からは長尾街道をたどる。長尾街道は大阪府堺市から奈良県葛城市長尾に至る街道で、古代の大津道の後身と考えられる古道である。雄略天皇陵を右に見ながらこの長尾街道を進むと、やがて藤井寺市小山で古市街道と交わる。古市街道は大阪市平野区平野から羽曳野市古市に至る街道で、大坂夏の陣の道明寺合戦の折には、後藤又兵衛や真田幸村がこの道を通った。

長尾街道と古市街道の合流点には「慶応三卯天十二月吉日」に「伊勢講・金毘羅講」が「世話人」となって建てた道標があり、「右　いせ・道明寺・藤井寺」と刻まれている。ひらがなで書かれた「いせ」の文字は子供でも読めたので、この道が遠く伊勢まで続いていることに、不思議な感動を覚えた。私が街道や江戸時代の旅に興味を持つようになったのは間違いなくこの道標の存在がきっかけである。

物心がつくかつかないかといった頃から、伊勢・志摩には家族旅行でたびたび出かけた。いつもは近鉄特急に乗って行く伊勢であるが、この道を歩いて行けば、たどり着けるのだと知り、大きくなったら、いつか自転車に乗って伊勢まで行ってやろうと、心の中で思ったことを今でも鮮明に覚えている。母が自転車に乗れなかったお蔭で、私は古道や道標に出会うことができた。

ところで、私は子供の頃、漫画が大好きで、とりわけ梶原一騎原作のスポ魂ものが大のお気に入りで、『巨人の星』『タイガーマスク』などを好んで読んでいた。母からは「漫画ばっかり読まずにちゃんとした本も読みなさい」とたびたび叱られたが、小学校五年生のとき、これなら漫画を読んでも両親に怒られないだろうと考えて購入したのが、当時、集英社から刊行されていた和歌森太郎考証・解説の『学習まんが　日本の歴史』だった。そのときたまま一巻が店頭になかったので、二巻の「花さく奈良の都　飛鳥・奈良時代」と三巻の「貴族の黄金時代　平安時代」の二冊を一緒に買った。もちろん中身の漫画もたいへんおもしろかったが、それ以上に私の心を捉えたのが、法隆寺や新薬師寺・清水寺といったお寺の建築や仏像の口絵写真だった。

早くも『学習まんが』では物足りなくなった私は、一巻や四巻以降を購入せず、たくさんの写真が載った保育社カラーブックスの寺尾勇・入江泰吉共著『法隆寺』、鳥越憲三郎著『飛鳥と難波―古代史への誘い―』などを次々と買い、貪るように読み、写真を楽しんだ。その年の秋、小学校の創立記念日に、当時健在だった母方の祖父母にねだり、母や弟も一緒に法隆寺を訪ね、中宮寺・法輪寺・法起寺とまわった。実際に見る法隆寺などの建築や仏像は想像していたよりはるかに素晴らしく、私を魅了した。以来、両親や祖父母、また叔父・叔母たちにねだり、たびたび京都や奈良・飛鳥に連れて行ってもらい、やがて一人でも出かけるようになった。小・中学生の間に京都や奈良・飛鳥の有名どころはほとんど訪ね尽くした。

また、私の自宅は多数の古墳がひしめく古市・誉田古墳群に近く、『学習まんが』のお陰ですっかり日本史が好きになった私は、カラーブックスの森浩一著『古墳─石と土の造形─』も買い、自転車で古墳を訪ねまわり、やがて応神天皇陵にある宮内庁書陵部の古市陵墓管区事務所に出入りし、古墳や日本の歴史、文化財についていろいろと教えてもらうようになった。

小学校ももう終わりという六年生の三月三日、その陵墓事務所の方々が、「そんなに各地の古墳を見て歩いているのだったら、宮内庁所管の陵墓には陵墓印というものがあるから、記念に集めてみたら」とおっしゃった。「藤井寺駅前の文房具屋さんに行ったら集印帳を売っているから、それを買って来たら、押してあげるよ」と教えてもらったので、早速買い求め、古市陵墓管区事務所で管理している陵墓印を押してもらった。すると今度は、「お寺も大好きで、京都や奈良・飛鳥など、いろんなところのお寺を見てまわっていると言ってたけど、御陵だけでなく、お寺でも朱印を押してもらったら」と勧められた。

古市・誉田古墳群周辺には、葛井寺・道明寺・野中寺・西琳寺など、古代から続く由緒ある寺院が多い。早速、それらの寺院で朱印を押してもらった。すると葛井寺は「西国第五番」、道明寺は「聖徳太子御遺跡第三番」、野中寺は「聖徳太子御遺跡第五番」、西琳寺は「聖徳太子御遺跡第四番」で、藤井寺市小山の善光寺は「河内西国番外」とあった。そういうと飛鳥の岡寺は「西国第七番」だったし、飛鳥寺は「新西国九番」、橘寺は「新西国十番」で、大阪の四天王寺には「新西国一番」とあり、一心寺には「圓光大師諸国二十五霊場第七番」とあった。

古市陵墓管区事務所の方々の勧めで朱印を集めるようになって、「西国霊場」「新西国霊場」「河内西国霊場」「聖徳太子御遺跡霊場」「圓光大師諸国二十五霊場」といったものに、がぜん興味が湧いてきた。私と巡礼との出会いであった。

まず西国札所会編・佐和隆研著『西国巡礼—三十三所観音めぐり—』(社会思想社、現代教養文庫)を買い、次いで下休場義治著『新西国霊場案内　古寺を訪ねて—近畿—』(新西国三十三所霊場巡拝会)、同著『尼寺めぐり』(古寺巡拝会)、西村望著『四国遍路—八十八カ所霊場めぐり—』(保育社、カラーブックス)、浄宗会編集『元祖法然上人霊跡巡拝の栞』(浄土宗総本山知恩院)といった巡礼の案内書を買い集め、各札所寺院ではそれぞれの巡礼の番付表をせっと収集し、ご詠歌の記された扁額や巡礼関係の石造品などを写真におさめた。

神戸大学進学の時点でそうした巡礼関係資料は全国規模で相当数にのぼったが、それらはいわば趣味のような形で集めたもので、文学部の国史学専攻に進学予定だった私ではあったが、学問の対象という意識は微塵もなかった。

ところが、大学二回生の夏、まだ教養部の所属で、文学部に進学する前であったが、同級生の澤博勝君に誘われて、のちに指導教官になっていただく戸田芳實先生が主催しておられた「足で学ぶ日本史」シリーズに参加し、槍ヶ岳に登った折、巡礼研究を専門にしておられる田中智彦さんと出会う。上高地から槍ヶ岳に登り、奥飛驒に下りたが、下山の間は、ほとんど田中さんと巡礼の話をしていたように記憶している。田中さんは、千葉大学を卒業されたのち、埼玉大学の大学院に進まれ、修士課程を修了したあと、神戸大学大学院文化学研究科に進まれ、当時は博士課程の一年目で、これから西国巡礼に関する博士論文をまとめようとしておられるところだった。

学部に進み、古代史を専攻することを決めた私は、古代の国造制や神社制度・神話などに関心をもち、研究を進めたが、一方で田中さんとともに巡礼研究にもかかわるようになった。

小学六年生の頃から蓄積してきた巡礼資料を田中さんに提供し、田中さんも自身で収集された資料を私に提供くださった。私が提供した写真には、既に現地で失われてしまったものも含まれており、貴重な資料として田中さんはたいへん喜んでくださった。

最終的に田中さんは「西国巡礼路の復元に関する研究」という題目で博士論文をまとめられ、神戸大学から学術博士の学位を授与されるが、その過程で、私は田中さんとともに、江戸時代の人々が残した道中日記などを参考に実際に西国巡礼路を歩いた。歩きながら、西国巡礼をはじめ、日本の巡礼について、熱い議論を交わした。西国巡礼と摂津国・大和国・近江国といった国単位の巡礼、また有馬郡・宇陀郡・伊香郡といった郡単位の巡礼の重層関係については連名で学会報告をしたのち、田中さんの名前で『神戸大学史学年報』創刊号に「近畿地方における地域的巡礼地」として掲載された。田中さんからは掲載についても連名でと強く求められたが、当時はまだ巡礼を私自身の研究テーマとするには躊躇があり、田中さんお一人の名前で公表いただくこととした。そののちには、私も巡礼をはじめとする「近世庶民信仰史」を自らの研究テーマの一つとして標榜するようになったので、「大阪寺町に遺る近世都市巡礼関係資料」(『大阪女子短期大学紀要』一九)・「大阪寺町および周辺寺院に遺る巡礼供養塔」(『大阪女子短期大学紀要』二二)の二編を田中さんとの連名で公表している。その間には、大谷大学の豊島修先生のお声掛けで、先生とともに巡礼研究会の発起人となり、田中智彦さん、そして当時大阪市立美術館の学芸員をしておられた神戸大学の先輩・石川知彦さんとともに、長らく巡礼研究会の事務局を務めた。

さて、田中さんは博士論文をまとめられた翌年から助手として神戸大学文学部に勤務され、その後一年の空白期間をおいて、大阪女子短期大学に助教授として着任された。

その空白の年から田中さんは大阪府教育委員会の「歴史の道」調査員を務められるようになり、翌年からは兵庫県教育委員会の「歴史の道」調査員も務められるようになった。その関係で、私は当時大阪府教育委員会で「歴史の道」調査の事務局を務めておられた藤永正明さんとも面識を得るようになり、その藤永さんが大阪府教育委員会刊行の『歴史の道調査報告書　第七集　宗教の路・舟の路』に金毘羅舟に関する論考を執筆するよう強く勧めてくださった結果、書き上げたのが本書第一部第一章の「近世大坂周辺地域における金毘羅信仰の展開」である。

田中智彦さんは、江戸時代の西国巡礼者が残した道中記の分析により、江戸時代の西国巡礼がただ単に札所から札所へとたどるのではなく、大きく迂回してでも有名寺社に参拝したり、大坂の市中見物を楽しんだりしたことなどを明らかにされた（「愛宕越えと東国の巡礼者―西国巡礼路の復元―」〈『人文地理』三九―六〉・「石山より逆打ちと東国の巡礼者―西国巡礼路の復元―」〈『神戸大学文学部紀要』一五〉・「大坂廻りと東国の巡礼者―西国巡礼路の復元―」〈『歴史地理学』一四二〉）。一方私は、西国札所会は法起院・元慶寺・花山院の三ヶ寺を番外札所として公式に認定しているが、実際巡礼者が用いる納経帳や納経用の掛け軸にはそれ以外に高野山奥之院や善光寺・四天王寺・東大寺二月堂などの欄が設けられ、事実上、番外札所化していることに注目し、その経緯を明らかにしたいと考えていた。これについては、先の拙稿「近世大坂周辺地域における金毘羅信仰の展開」でも触れ、のちに「西国巡礼―その歴史と信仰―」（愛媛大学『巡礼と救済―四国遍路と世界の巡礼―』公開シンポジウム・研究集会プロシーディングス）・「西国巡礼と四天王寺の信仰」（『四天王寺』七二八）の二編でも詳しく考察した。

こうした田中智彦さんの研究成果や私自身の関心からも、江戸時代の西国巡礼者が海を渡り金毘羅に参詣するという事象はたいへん興味あるテーマだったので、金毘羅については何の知識も持ち合わせていなかったが、藤永さんからチャンスを頂いたのを機に取り組んでみることにした。

琴陵光重著『金刀比羅宮』（学生社）、近藤喜博著『金毘羅信仰研究』（塙書房）、守屋毅編『民衆宗教史叢書一九　金毘羅信仰』（雄山閣出版）など、いくつかの基本的な文献を読んだあと、二泊三日の予定で、実際に金刀比羅宮を訪ね、同宮図書館で関係史料の閲覧を行なった。二日連続で図書館に通い、次から次へと史料の閲覧を申し出る私を不審に思われたのか、担当の方が「あなたはどうしてこうした史料を閲覧しているのですか」と尋ねられた。そこで、事情をお話しすると、その担当の方がなんと金毘羅研究の第一人者であり、金毘羅の生き字引ともいうべき松原秀明さんであった。

松原さんはすぐに、当時こんぴら門前町を守る会会長で全国町並み保存連盟副会長も務めておられた元琴平町議会議長の位野木峯夫さんに電話をされ、位野木さんが図書館に駆けつけてくださった。位野木さんは、こんぴら名物「灸《きゅう》まん」を製造・販売する「灸まん本舗石段や本店」の運営会社こんぴら堂の社長で、たくさんの金毘羅関係史料を収集しておられた。その位野木さんは、前年に灸まん美術館を設立しておられ、収集された金毘羅関係史料はのちに同美術館の所蔵となったが、当時はまだ位野木さんの手元にあり、灸まん本舗石段や本店の二階でそれら史料の調査をさせていただいた。また、位野木さんご自身が運転する車で、丸亀と金毘羅とを結ぶ丸亀街道や、その中間に位置する与北の茶堂、塩原太助の寄進した丸亀港の太助燈籠など、金毘羅参詣や金毘羅信仰にかかわる史跡をご案内いただいた。

こうして田中智彦さんがご提供くださった江戸時代の道中記や、田中さんとの議論、また松原秀明さんや位野木峯夫さんのさまざまな援助・ご協力があって、私はようやく「近世大坂周辺地域における金毘羅信仰の展開」を書き上げることができた。

そして金毘羅信仰・金毘羅参詣によりいっそうの興味・関心を抱くようになった私はさらに調査・研究を続け、以後十年余にわたり、金毘羅信仰は「近世庶民信仰史研究」の分野におけるもっとも主要な研究テーマとなった。本書はその間に公表した拙文を集めた文集であるが、いちばん新しいものでも十六年前に発表したもので、それぞれ初出時からかなりの時間が経過している。大した内容でないものも多く、文章も生硬で読みづらいが、いずれも簡単に入手できない雑誌に発表したこともあり、現在でもコピーを求められ、これらの拙文の内容で講演を頼まれるので、現時点においても多少は学問的な意義もあるのであろうと、恥ずかしながら刊行に踏み切った。

岩田書院の岩田博さんには、出版事情が厳しい中にもかかわらず、二〇〇八年に刊行した『神と旅する太夫さん―国指定重要無形民俗文化財「伊勢大神楽」―』に続いて、本書の刊行についてもご快諾いただいた。すぐに初校を送っていただいたが、ちょうどその頃から二〇一一年の大阪城天守閣復興八〇周年記念プロジェクト、二〇一四年・一五年の大坂の陣四〇〇年プロジェクト、大河ドラマ「真田丸」の放映といった大きな事業が相次ぎ、旗振り役を務めることになった私は、準備作業も含めて超多忙な日々を過ごすことになったので、なかなか校正作業に入ることができず、初校を放置し続ける事態となり、岩田さんには多大なご迷惑をおかけすることとなった。ずいぶん長い間、辛抱強く待ってくださった岩田さんに、この場を借りてお詫びするとともに、深く感謝の意を表したい。

そして最後に、金毘羅信仰研究の全般にわたって、田中智彦さん、松原秀明さん、位野木峯夫さんにはほんとうにお世話になった。既に三人とも鬼籍に入られたが、あらためて感謝の意を表するとともに、ご冥福をお祈りしたい。

二〇一七年十月十五日　母の一周忌法要の日に

北川　央

著者紹介

北川 央（きたがわ ひろし）

1961年大阪府生まれ。神戸大学大学院文学研究科修了。1987年に大阪城天守閣学芸員となり、主任学芸員・研究主幹などを経て、2014年より館長。この間、東京国立文化財研究所・国際日本文化研究センター・国立歴史民俗博物館・国立劇場・神戸大学・関西大学など、多くの大学・博物館・研究機関で委員・研究員・講師を歴任。現在は全国城郭管理者協議会会長、九度山・真田ミュージアム名誉館長などを兼ねる。織豊期政治史ならびに近世庶民信仰史、大阪地域史専攻。
著書に『大阪城・大坂の陣・上町台地―北川央対談集―』(新風書房、2017)、『大坂城と大坂の陣―その史実・伝承』(新風書房、2016)、『なにわの事もゆめの又ゆめ―大坂城・豊臣秀吉・大坂の陣・真田幸村―』(関西大学出版部、2016)、『神と旅する太夫さん　国指定重要無形民俗文化財「伊勢大神楽」』(岩田書院、2008)、『大阪城ふしぎ発見ウォーク』(フォーラム・A、2004)、『おおさか図像学　近世の庶民生活』(東方出版、2005、編著)、『大和川付替えと流域環境の変遷』(古今書院、2008、共編著)、『大坂の陣 豊臣方人物事典』(宮帯出版社、2016、監修)、『大坂城 絵で見る日本の城づくり』(講談社、2016、監修)ほか多数。

近世金毘羅《こんぴら》信仰の展開

2018年(平成30年) 9月　第1刷　700部発行　　**定価[本体2800円＋税]**

著　者　北川 央

発行所　有限会社 岩田書院　代表：岩田　博　　http://www.iwata-shoin.co.jp

〒157-0062　東京都世田谷区南烏山4-25-6-103　電話03-3326-3757 FAX03-3326-6788

組版・印刷・製本：シナノパブリッシングプレス

ISBN978-4-86602-046-4 C3021 ¥2800E

コピーOK

岩田書院 刊行案内（27）

	著者	書名	本体価	刊行年月
021	戦国史研究会	戦国期政治史論集　西国編	7400	2017.12
022	同文書研究会	誓願寺文書の研究（全２冊）	揃8400	2017.12
024	上野川　勝	古代中世 山寺の考古学	8600	2018.01
025	曽根原　理	徳川時代の異端的宗教	2600	2018.01
026	北村　行遠	近世の宗教と地域社会	8900	2018.02
027	森屋　雅幸	地域文化財の保存・活用とコミュニティ	7200	2018.02
028	松崎・山田	霊山信仰の地域的展開	7000	2018.02
029	谷戸　佑紀	近世前期神宮御師の基礎的研究＜近世史48＞	7400	2018.02
030	秋野　淳一	神田祭の都市祝祭論	13800	2018.02
031	松野　聡子	近世在地修験と地域社会＜近世史48＞	7900	2018.02
032	伊能　秀明	近世法制実務史料 官中秘策＜史料叢刊11＞	8800	2018.03
033	須藤　茂樹	武田親類衆と武田氏権力＜戦国史叢書16＞	8600	2018.03
179	福原　敏男	江戸山王祭礼絵巻	9000	2018.03
034	馬場　憲一	武州御嶽山の史的研究	5400	2018.03
035	松尾　正人	近代日本成立期の研究　政治・外交編	7800	2018.03
036	松尾　正人	近代日本成立期の研究　地域編	6000	2018.03
037	小畑　紘一	祭礼行事「柱松」の民俗学的研究	12800	2018.04
038	由谷　裕哉	近世修験の宗教民俗学的研究	7000	2018.04
039	佐藤　久光	四国猿と蟹蜘蛛の明治大正四国霊場巡拝記	5400	2018.04
040	川勝　守生	近世日本石灰史料研究11	8200	2018.06
041	小林　清治	戦国期奥羽の地域と大名・郡主＜著作集２＞	8800	2018.06
042	福井郷土誌	越前・若狭の戦国＜ブックレットH24＞	1500	2018.06
043	青木・ﾐﾋｪﾙ他	天然痘との闘い：九州の種痘	7200	2018.06
044	丹治　健蔵	近世東国の人馬継立と休泊負担＜近世史50＞	7000	2018.06
045	佐々木美智子	「俗信」と生活の知恵	9200	2018.06
046	下野近世史	近世下野の生業・文化と領主支配	9000	2018.07
047	福江　充	立山曼荼羅の成立と縁起・登山案内図	8600	2018.07
048	神田より子	鳥海山修験	7200	2018.07
049	伊藤　邦彦	「建久四年曾我事件」と初期鎌倉幕府	16800	2018.07
050	斉藤　司	福原高峰と「相中留恩記略」＜近世史51＞	6800	2018.07
051	木本　好信	時範記逸文集成＜史料選書６＞	2000	2018.09
052	金澤　正大	鎌倉幕府成立期の東国武士団	9400	2018.09
053	藤原　洋	仮親子関係の民俗学的研究	9900	2018.09
054	関口　功一	古代上毛野氏の基礎的研究	8400	2018.09
055	黒田・丸島	真田信之・信繁＜国衆21＞	5000	2018.09
056	倉石　忠彦	都市化のなかの民俗学	11000	2018.09
057	飯澤　文夫	地方史文献年鑑2017	25800	2018.09
058	國　雄行	近代日本と農政	8800	2018.09